기독교문서선교회 (Christian Literature Center: 약칭 CLC)는 1941년 영국 콜체스터에서 켄 아담스에 의해 시작되었으며 국제 본부는 미국 필라델피아에 있습니다. 국제 CLC는 59개 나라에서 180개의 본부를 두고, 약 650여 명의 선교사들이 이동도서차량 40대를 이용하여 문서 보급에 힘쓰고 있으며 이메일 주문을 통해 130여 국으로 책을 공급하고 있습니다. 한국 CLC는 청교도적 복음주의 신학과 신앙서적을 출판하는 문서선교기관으로서, 한 영혼이라도 구원되길 소망하면서 주님이 오시는 그날까지 최선을 다할 것입니다.

추천사

안 경 승 박사
한국복음주의상담학회 회장, 아신대학교 교수

이웃의 아픔과 고통에 마음이 움직이는 사람, 그들에게 다가가기 원하는 사람, 더 나아가 그들을 잘 돌보고 돕고자 하는 사람은 이 책을 통해 많은 도움을 받을 것이다.

저자는 상담자로 성장해 간 자신의 여정을 담담하게 풀어놓으며, 이 길을 걷고자 하는 동료들에게 그 과정에서 놓치지 말아야 하는 소중한 지혜를 구석구석 풀어놓고 있다.

상담을 시작하게 된 이유, 학업을 하면서 터득해 나가야 하는 통찰, 그렇게 성숙해 가는 자기자신과 마주하게 되는 내담자의 모습 그리고 상담 과정을 진행하는 분별 등이 담겨 있을 뿐만 아니라 쉽고 간결한 단어와 문장으로 어떤 때는 웃음 짓게 하고 어떤 때는 고개를 끄덕이게 하고 있다.

이 책은 크게 세 가지 면에서 독자에게 귀감이 된다.

첫째, 처음부터 마지막 문장까지 '하나님'이 계신다는 것이다. 고민하게 되는 중요한 주제에 대한 기독교적 관점이 개입되고 있으며, 상담의 이론과 실제에 대한 설명에도 하나님의 따뜻한 마음이 녹여져 있다. 무엇보다 이성과 감성을 넘어서서 저자가 만나고 교제했던 하나님이 생생하게 배어 나온다.

둘째, 기독교 상담의 정의와 목표 그리고 자원과 과정에 있어서 먼저 구하고 찾아야 할 것에 대한 우선순위가 명확하다. 기독교 상담을 궁금해하며 실천해 보기 원하는 사람들에게 '이렇게'라는 답을 주는 친절한 안내서 역할을 해 준다.

셋째, 신앙과 현실, 신학과 상담학, 이론과 임상에 있어서 균형을 지키고 있다. 그래서 자칫 치우치기 쉬운 현실에서 하나님 중심으로 마음을 모으게 한다.

저자인 송경화 교수는 기독교 상담자로 20년이 넘는 시간 동안 상담 현장을 섬겨 왔다. 그래서 학회를 비롯해 학문 활동을 함께하며 충실하게 준비된 탁월한 학문적 능력을 갖춘 분으로만 이해했었다.

그러나 이 책을 읽으며 임상 경험이 잘 겸비되었을 뿐만 아니라 단지 훈련에 그친 것이 아닌 삶과 가정과 사람을 깊게 통찰하는 신실한 상담자라는 것을 알게 되었다. 아울러 현장을 이해하는 기독교 상담자로 동역자와 후배들의 고민과 답답함을 이해하고 안내해 줄 수 있는 학자라고 생각하게 되었다.

한국 교회와 가정은 여전히 회복의 자원을 필요로 하고 있다. 이 책이 바로 그 역할과 소명을 담당하는 알찬 자산이 될 것으로 확신하며 기쁨과 감사로 추천한다.

하나님과 함께하는 상담 이야기

God-Centered Counseling
Written by Song, Kyung Hwa
All rights reserved.
Korean Edition Copyright © 2023 by Christian Literature Center, Seoul, Korea.

하나님과 함께하는 상담 이야기

2023년 11월 20일 초판 발행

지 은 이 | 송경화

편　　집 | 추미현
디 자 인 | 이승희
펴 낸 곳 | (사)기독교문서선교회
등　　록 | 제16-25호(1980. 1. 18.)
주　　소 | 서울특별시 동대문구 천호대로71길 39
전　　화 | 02-586-8761~3(본사) 031-942-8761(영업부)
팩　　스 | 02-523-0131(본사) 031-942-8763(영업부)
이 메 일 | clckor@gmail.com
홈페이지 | www.clcbook.com
송금계좌 | 기업은행 073-000308-04-020 (사)기독교문서선교회
일련번호 | 2023-106

ISBN 978-89-341-2619-5 (03230)

이 책의 출판권은 (사)기독교문서선교회가 소유합니다.
신저작권법에 의하여 한국 내에서 보호를 받는 저작물이므로 무단 전재와 무단 복제를 금합니다.

하나님과 함께하는 상담 이야기

송경화 지음

CLC

목차

| 추천사 **안경승 박사**_ 한국복음주의상담학회 회장, 아신대학교 교수 | 1 |

프롤로그   11

제1부 하나님과 함께하는 상담   13

1. 상담, 마음을 만지고 영혼을 살리는 대화   14
2. 소통과 연결의 대화, 상담   18
3. 유리 조각과 탁구공, 인간 마음의 양면성   23
4. 마음의 상처   28
5. 마음을 만지는 상담   33
6. 영혼을 살리는 대화   37
7. 마른 나뭇가지야, 살아나라!   42
8. 가난한 자에게 복음을 …   47
9. 포로된 자에게 자유를, 눈먼 자에게 다시 보게 함을 …   52
10. 하나님과 함께하는 상담의 신념   56
11. 하나님과 함께하는 상담의 목표   60
12. '성경적'인 상담에 대한 집착   65
13. 신학과 심리학의 통합   70

제2부 하나님과 함께하는 상담자   75

1. 고통에 함께하는 상담자   76
2. 상처받은 치유자   81
3. 나의 상처가 너를 더 아프게 할 때   86
4. 상담자의 자기 돌봄   92
5. 비신자와의 상담   97
6. 하나님 능력의 통로   103
7. 하나님에게 없는 것 한 가지   108

제3부 하나님과 함께하는 상담의 주제들   111

1. Love Yourself   112
2. 용서   116
3. 억울해서 용서할 수 없다고 하는 이에게   121
4. 인간관계가 힘든 이유   126
5. 사람들이 귀찮아 혼자 있고 싶어요   130
6. 사람들이 날 싫어할까 봐 늘 걱정이에요   135
7. 사랑할 수도 사랑받을 수도 없어 혼란스러워요   140

목차

8. 애착과 하나님 관계	146
9. 치유: 재양육, 재경험	150
10. 부모를 위한 애착 팁	155
11. 신정론	161

제4부 상담실에서 만난 사람들 … 172

1. 폭군이 되어버린 십 대 아들 … 173
2. 분노하는 자녀를 가진 부모가 명심해야 할 것 … 177
3. 해결되지 않은 상처의 대물림 … 182
4. 치유로 가는 여정의 준비 … 187
5. 내면의 상처 치유 … 192
6. 자해하는 십 대 소녀 … 197
7. 자기애적 어머니 … 202
8. 문제 아이의 부모 상담 … 207
9. 부모님들 제발 좀 … ! … 211

에필로그 … 215

프롤로그

조금만 주위를 둘러봐도 어렵지 않게 가슴에 큰 멍을 안고 사는 분들을 볼 수 있다. 아픔과 고통, 우울과 불안, 외로움과 열등감, 수치심과 절망감, 거절감과 죄책감 … 그 멍을 일일이 나열하자면 끝도 없다. 그리고 하나님은 애타는 마음으로 이렇게 명령하고 계셨다.

> … 너희는 위로하여라 내 백성을 위로하라 … (사 40:1, 새번역).

이 명령은 나의 소명이 되었고, 나의 학업과 사역은 하나님의 부르심에 대한 응답의 여정이 되었다. 그리고 상담사로서의 면모를 갖춰가는 중에도 어디에서든 위로가 절실히 필요한 하나님의 백성이 도처에 널려 있다는 것을 발견할 수 있었다.

'이분들에게 누군가 가야 할 텐데 … ' 하는 조바심으로 상담을 가르치기 시작했고, 하나님의 부르심에 응답하는 사람들이 더 효과적으로 상담 시간을 진행할 수 있도록 슈퍼비전에 많은 시간을 쓰면서도 여전히 내 마음은 조급했다.

공급보다 필요가 압도적으로 많았기 때문이다. 더 많은 상담사가 필요하다. 주님의 뜨거운 마음을 품은 상담사, 기꺼이 주님께 자신을 드릴 수 있는 상담사 그리고 주님의 백성을 위로할 수 있는 훈련된 상담사가 더 많이 필요하다.

이 글은 이런 나의 간절한 필요에서 쓰게 된 편지이다. 수신인은 기꺼이 주님의 백성을 위로하고자 하는 뜨거운 열정과 사랑의 마음을 가진 분들이다. 그런 분들과 함께 하나님과 함께하는 상담에 대해 내 마음에 있는 것을 나누고자 하는 편지이다.

이 편지를 읽는 많은 분이 주님의 부르심에 응답해 주님의 백성을 위로하는 자들이 되기를 그래서 많은 사람의 가슴 속 멍이 옅어지고 이 세상에 작은 빛들이 점점 더해지기를 희망하면서 글을 열어 본다.

제1부

하나님과 함께하는 상담

1. 상담, 마음을 만지고 영혼을 살리는 대화
2. 소통과 연결의 대화, 상담
3. 유리 조각과 탁구공, 인간 마음의 양면성
4. 마음의 상처
5. 마음을 만지는 상담
6. 영혼을 살리는 대화
7. 마른 나뭇가지야, 살아나라!
8. 가난한 자에게 복음을 …
9. 포로된 자에게 자유를, 눈먼 자에게 다시 보게 함을 …
10. 하나님과 함께하는 상담의 신념
11. 하나님과 함께하는 상담의 목표
12. '성경적'인 상담에 대한 집착
13. 신학과 심리학의 통합

1.

상담, 마음을 만지고
영혼을 살리는 대화

> 나를 따라오라 내가 너희를 사람을 낚는 어부가 되게 하리라
> (마 4:19).

여고생 시절, 이 말씀에 감동이 되어 사람을 낚는 어부(fishers of men)가 되기로 다짐하게 되었다. 그리고 어떻게 하면 사람을 '잘 낚을 수' 있을까 하는 고민의 종착역이 심리학이었다. 사람을 얻으려면 먼저 사람의 마음을 잘 알아야 한다는 판단에서였다.

두 번의 실패 끝에 나에게 허락된 대학의 심리학과 입성은 하나님께서 열어 주신 문처럼 느껴졌다. 사람을 "낚는" 방법을 배우고자 하는 목적으로 열심히 공부한 심리학을 통해서 나는 인간의 마음을 자세히 들여다볼 기회를 가질 수 있었다.

하나님께서 지으신 인간의 뇌와 마음의 신묘막측함에 놀라 가슴이 설렌 적도 있었고, 사람의 행동 하나, 말 한마디를 그냥 넘기지 않고 유심히 관찰하면서 거기에 연관된 심리 과정을 분석하느라 고민한 적도 많았다.

심리학을 배울수록 놀라운 것은, 사람의 마음이 얼마나 쉽게 상처받을 수 있고 그 상처들이 쌓여서 어떤 고통과 문제를 일으키게 되는지였다. 나는 사람 마음의 어두운 면을 알아가면서 입학할 때 품었던 "사람을 낚겠다"는 처음의 목표보다 '상한 마음을 치유하겠다'는 좀 더 발전된 목표를 가지고 졸업하게 되었다.

그리고 상한 마음을 치유하겠다는 목표는 바로 상담 공부로 이어졌다. 대학에서 배웠던 상담 심리학은 어느 정도 도움이 되었지만, 기독교인이었던 나에게는 아쉬운 점이 있었다. 인간 이해에 있어서 영적인 면을 배제한다는 점과 상담에 있어서 치유의 능력이 사람, 즉 전문적인 상담자 혹은 내담자(상담 받는 사람) 본인에게 있다고 보는 관점이었다. 무엇보다 나를 가장 불편하게 했던 것은 상담과 치유 과정에서 하나님 능력의 배제였다.

그래서 나는 기독교 상담에 이어 신학을 공부하면서 '상담'이란 무엇이며, '하나님과 함께하는 상담'이란 무엇인지 알고 싶었다. 긴 이야기를 짧게 하자면, 그동안 나의 학문과 영적 여정을 통해 얻은 답은, '상담이란, 사람의 마음을 만지고 영혼을 살리는 대화'라는 것이다. 그리고 '하나님과 함께하는 상담이란, 상담의 치유 과정이 하나님의 능력으로 이루어진다는 것을 믿는 것이며, 그 하나님의 능력을 의지해 내담자의 아픈 마음을 만져 회복시키고 이를 통해 내담자의 영혼이 하나님 안에서 소생하도록 돕는 것'이다.

사실 상담하면 할수록 알게 되는 것은, 상담자는 치유의 능력이 없다는 것이다. 인간 마음에는 정확하게 작용하는 공식도, 약도 없다. 아무리 훈련된 상담자라 하더라도 어떤 내담자는 그에게 큰 도움을 얻지만, 어떤 내담자는 아무런 도움을 얻지 못한다. 심지어 오히려 더 큰 상처만 입게 되는 내담자도 있다. 반대로 아직 상담 초보자인데도 내담자가 한 시간 동안의 상담 이후에 큰 위로를 얻게 되고 힘을 얻어서 가는 경우도 있다.

오랜 시간 동안 상담과 슈퍼비전을 해 온 나의 개인적 경험에 의하면, 결국 상담에서 치유의 능력은 상담자가 아닌 하나님께 있다는 것이다. 그렇기 때문에 상담자는 상담 전에 반드시 기도해야 한다. 상담의 모든 것을 하나님께 맡기고 하나님께서 내담자의 마음을 치유해 주시도록 그리고 그 치유 과정을 촉진하는 도구로 상담자 자신을 사용해 달라고 기도해야 하는 것이다.

이것이 하나님과 함께하는 상담의 기본이고 시작이다. 경험이 많은 숙련된 상담자이든 상담의 초보자이든 누구에게도 이것은 기본이다. 상담자가 자신의 힘과 경험, 지식과 기법으로 내담자를 구원하겠다고 하는 구원자 의식을 가지게 되면, 시작부터 잘못된 상담을 하는 것이다.

그렇다고 해서 상담자가 아무것도 안 하는 건 아니다. 상담자는 하나님이 쓰기에 합당하도록 할 수 있는 노력을 해야 한다. 무엇보다도 상담에 관한 기본적인 지식을 공부해야 하고, 다양한 상담 기법도 익혀야 한다. 또한, 내담자를 하나님의 자녀로 볼 수 있는 시각을 가져야 하고, 내담자를 향한 연민과 사랑을 가지고 내담자를 대해야 한다.

내담자의 어둡고 힘든 기억 속에 같이 가 줄 수 있는 강한 마음도, 내담자가 허물어질 때 같이 허물어 지지 않고 지탱해 줄 수 있는 내적 에너지도 필요하다. 이런 것들을 얻어 가는 과정이 하나님과 함께하는 상담자가 되어 가는 과정이다.

또한, 상담자는 꼭 다른 사람을 상담하는 것만은 아니다. 자기자신을 위로하고 돌보는 것도 상담자의 중요한 영역이다. 자신의 마음속을 들여다보고 마음속에 있는 크고 작은 상처를 외면하지 않고 치유하는 것은 다른 사람을 치유하기 이전에 이루어져야 하는 일이다.

소통과 연결의 대화, 상담

우리는 나이를 먹어감에 따라 자연스럽게 누군가를 상담하게 된다. 원하든 원치 않든 누군가를 상담할 준비가 되었든 아니든 상관없이 그렇게 된다.

청소년기에는 친구들의 인생 고민, 진로 고민, 관계 고민 등을 서로 나누면서 또래 상담을 하기 시작하고, 성인이 될수록 나보다 나이 어린 사람들이 고민이 있을 때마다 찾아와 상담하게 된다.

교회 생활을 하면 그런 기회가 더욱 많아지고 조장, 구역장, 권사, 장로 등 지도자의 위치에 있게 되면 훨씬 더 많아진다. 목사, 사모, 선교사 등 전임 사역자는 사역의 일부가 상담이니 더 말할 것도 없다.

하나님은 우리 주위에 우리의 도움이 필요한 사람들을 보내신다. 그 사람이 나를 찾아와 상담을 요청하는 것은 하나님이 판단하기에 내가 그 사람에게 무언가 도움을 줄 수 있는 게 있기 때문이다. 그리고 이렇게 나의 도움이 필요한 사람들이 계속해서 나를 찾아와 자신의 힘든 이야기를 꺼내 놓곤 한다. 결국, 상담이란 우리에게 선택이 아닌 필수이다. 피할 수도 없고 안 할 수도 없으니, 우리의 선택은 어차피 하게 되는 상담을 얼마나 잘할 수 있도록 준비하느냐 하는 것이다.

상담받고자 찾아오는 사람들은 기본적으로 우리를 믿고 의지하기 때문에 찾아오는 것이고, 또한 정신적으로 매우 연약하고 불안정한 상태로 찾아오는 경우가 많다. 이런 사람들에게 우리의 말 한마디가 생명이 될 수 있고 소망을 줄 수 있다.

하지만 그런 만큼 우리의 말 한마디가 그분들에게 더 큰 상처를 줄 수도 있고 결정적인 절망의 상태로 몰고 갈 수도 있다. 그만큼 상담할 때 우리의 말 한마디, 행동 하나하나가 그분들에게 미치는 영향력은 매우 크다.

그렇기 때문에 상담을 전문적으로 배우지 않은 분들의 경우, 어떻게 상담을 잘할 것인가를 신경 쓰기보다는 어떻게 하면 내담자에게 피해를 주는 상담을 피할 수 있는지에 더 신경 써야 한다.

그러기 위해 '나는 상담에는 관심이 없다'라고 외면할 게 아니라 상담에 관심을 가지고 주위를 살피며, 관련된 책도 읽고, 상담을 배울 수 있는 방법을 찾아보면서 적극적으로 노력하는 것이 필요하다. 이 모든 것이 결국은 나에게 상담받는 사람들에게 유익이 될 것이기 때문이다.

"상담이란 무엇인가요?"

상담에 관심을 갖기 시작한 분들이 가장 먼저 하는 질문이다. 상담의 정의와 성격에 대해서는 많은 심리학자가 말하고 있으니 그런 것들을 참고하는 것도 도움이 될 수 있다.

하지만 스스로 상담이 무엇이라고 생각하는지 정의를 한번 내려 보는 것도 좋은 시도이다. 자신이 만든 상담의 정의는 상담을 알아갈수록 조금씩 수정되어 점점 성숙한 상담에 대한 이해로 안내할 것이다.

내가 개인적으로 내리는 상담의 정의는 '상담이란 마음을 만지고 영혼을 살리는 대화'라는 것이다. 상담의 대부분이 대화로 진행되는데, 여기에서 대화란 말로 하는 대화뿐 아니라 다양한 방식으로 이루어지는 두 사람 간의 소통이다. 하나님의 형상으로 지으심을 받은 우리는 기본적으로 혼자 지내는 것보다 다른 사람들과 소통하면서 다양한 관계를 통해 더욱 풍성한 삶을 살아가도록 만들어졌다.

그런데 현대 사회에 들어서면서 우리는 점점 바빠지고, 경쟁적이며, 일 중심이 되고, 사람들로부터 크고 작은 상처들을 받으면서 점점 소통이 단절되는 상황에 처하게 되는 것 같다. 무리 속에 있으면서도 외로움을 느끼고 아는 사람은 많지만 내 마음의 깊은 것을 털어놓을 만한 사람은 많지 않다.

SNS를 통해 나의 일상을 전시하듯 보여 주고 "좋아요"도 많이 받지만, 정말 내 마음을 알아줄 수 있을 것 같은 사람은 찾기가 힘든 것이 우리의 현실이다. 소통이 단절되고 외로움 속에 있다 보면, 우리는 숨 쉴 수 없는 답답함과 불안을 느끼게 된다.

상담은 이런 분들에게 단순히 옆에 있어 주고 그분이 느끼는 감정을 공감하고, 수용해 주면서 소통할 기회를 주는 것이다. 한 인간이 다른 인간과 진실된 마음으로 연결될 때 느끼는 '살아있음'의 느낌은 그 자체로 치유적이다. 상담에서의 대화란 이와 같은 소통을 경험할 수 있게 해 주는 통로가 된다.

대체적으로는 언어를 통해 소통하기 때문에 상담할 때는 어떤 말을 어떻게 해야 하는지 배울 필요가 있다. 우리가 일상적으로 하는 대화의 방식은 상담적 대화와는 다르기 때문이다. 그리고 이런 상담적 대화 방법을 꾸준히 연습해서 몸에 익숙하게 배도록 해야 한다. 즉, 자연스럽게 터득하는 언어가 아니라 의도적이고 인공적인 연습을 통해 익히는 것이다.

그러니 처음에는 부자연스러울 수도 있지만, 필수적인 과정이다. 우리가 집에서 사용하는 식칼을 가지고 전쟁에 나갈 수는 없듯이 우리가 일상적으로 사용하는 언어 그대로 상담 현장에서 사용하는 것은 부적절한 경우가 많다. 따라서 도움이 되는 상담을 위해 그에 적절한 언어를 사용해야 한다.

또한, 언어뿐만 아니라 다른 방법으로 소통할 수도 있다. 비언어적인 소통은 매우 중요한 방법이다. 예를 들면, 상담자의 말투, 표정, 몸짓 등은 내담자에게 수용적 분위기와 애정 그리고 관심을 느끼게 하는 중요한 요소이다.

그뿐만 아니라 상담을 위해 특별히 고안된 소통 방식도 있다. 모래 치료, 미술 치료, 음악 치료, 심상 치료 등 다양한 치료법이 있는데, 이런 기법은 단순히 언어를 통한 상담이 줄 수 없는 독특한 치유의 효과가 있다.

이런 모든 방법을 활용해서 내담자의 마음을 안아 주고 상처를 낫도록 돕는 것이 상담적 대화라고 할 수 있다.

3.
유리 조각과 탁구공, 인간 마음의 양면성

 상담을 '마음을 만지고 영혼을 살리는 대화'라고 정의한다면, 사람의 마음과 영혼에 대해서 먼저 생각해 보아야 할 것이다. 마음이나 영혼은, 눈에 보이지 않고 만질 수도 없기에 뭐라 말하기가 참 애매모호한 영역이다.

 우리는 경험상 마음과 영혼이 존재한다는 것을 부인할 수는 없지만, 그것이 혈액 검사처럼 수치로 나오는 것도 아니고 몸을 해부해서 찾아낼 수도 없으므로 그냥 주관적인 느낌에 근거해서 알 수밖에 없다.

 20세기 자연 과학이 눈부신 발달을 할 때 심리학도 함께 발달했는데, 당시 심리학자들이 스스로가 엄격한 과학자임을 강조하면서도 학문의 핵심 주제를 눈에 보이지 않는 인간의 마음으로 정했다는 것은 참 아이러니하다. 눈에 보이지 않는 영역을 객관적으로 연구하겠다는 이 불가능해 보이는 목표를 이루기 위해 고전적 심리학자들은 마음에 상응하는 객관적이고 눈에 보이는 연구 자료를 찾아야만 했다.

그래서 심리학자들은 인간 마음을 가늠할 수 있는 연구 자료로 마음의 흔적을 보여 주는 말과 행동, 표정, 심장 박동, 혈압 그리고 체온 등을 사용했다. 혹은 인간과 비슷하다고 판단되는 동물의 반응을 인간에게까지 확대해서 적용하려고 시도하기도 했었다. 현대 심리학자는 이런 다양한 자료에 최신식의 영상 장비를 통해 얻을 수 있는 뇌와 신체 부위의 사진을 추가로 사용해 인간 마음을 탐구하고 있다.

하지만 문제는, 이런 자료는 마음의 움직임을 보여 주기에 여전히 한계가 있다는 것이다. 또한, 이런 자료를 마음의 작용으로 해석하는 데에는 해석하는 사람의 관점과 지식에 상당히 의존할 수밖에 없기 때문에 자료가 객관적이어도 결론은 주관적일 수밖에 없다는 문제도 있다.

인간의 마음은 너무도 섬세하고 복잡하고 끝없이 깊어서 사실 어떤 방법으로도 그 마음을 명료하게 파악하기에는 불가능한 것처럼 느껴진다. 이런 의미에서 보자면, 인간 마음은 영원히 신비롭고 끝없는 우주와도 같다고 할 수 있다.

또한, 모든 사람의 마음이 다 다르고, 한 사람의 마음도 시시각각 달라지기 때문에 인간 마음을 바라보고 있으면 그저 신비롭고 경이로울 뿐, 그것을 내가 지식적으로 정복하겠다는 것은 언감생심 가져볼 수도 없는 생각인 것 같다.

아마도 지금 인간 마음에 대해 우리가 알고 있다고 주장하는 것도 언젠가 다른 자료들로 인해 바뀔 수 있고, 혹은 아주 작은 퍼즐 한 조각에 불과할 것이다.

상담하면서 알게 된 것은, 마음에는 양면성이 있다는 것이다. 인간의 마음은 마치 아주 얇은 유리 조각 같아서 조금만 힘을 주면 바스락 부서져 버리는 연약함이 있다. 그래서 다른 사람의 말 한마디, 언뜻 스치는 표정 하나에 상처받고 무너져 내린다.

그렇게 한 번 상처받은 마음은 그 이후에도 비슷한 상황에 맞닥뜨릴 때마다 처음 상처받았을 때와 같은 아픔을 느끼게 된다. 몸이 아프면 아픈 부위를 치료받거나 하다못해 진통제라도 먹으면서 통증을 관리할 수 있지만, 마음이 아플 때는 어떻게 해야 할지 모를 때가 많다. 그저 그 아픔을 그대로 견디는 수밖에.

그러다 보니 마음의 통증은 작은 상처에도 더 큰 고통을 느끼게 된다. 그래서 가능하면 모든 상황을 피하고 싶게 되고, 정 견디기 어려운 한계에 도달하면 마음의 기능이 더 이상 정상적으로 작동하지 않게 되기도 한다. 그렇게 멈춰 버린 마음은 나의 표정과 기분과 성격과 인간관계를 어둡게 만들고 삶이 불행하고 고통스러워지게 된다. 이렇게 연약한 게 우리 마음이다.

그런데 한편으로 우리 마음에는 '회복탄력성'(resilience)이라고 하는 굉장한 회복 능력이 있다. 마치 벽에 세게 던질수록 그만큼 더 강하게 튕겨 나오는 탁구공처럼, 마음에 큰 상처를 받아 산산조각이 나면, 그때는 아주 힘들고 일정 기간 심한 고통을 느끼게 되지만 시간이 지나면서 우리 마음은 스스로를 치유한다. 조금씩 고통의 강도가 줄어들고, 어느 시점이 되면 그 고통을 삶의 일부로 받아들이게 된다.

그뿐만 아니라 그 고통에 나름의 의미를 부여하게 되고, 그 고통으로 인해 생각이 깊어지고 정신적으로 성숙하게 된다. 게다가 비슷한 고통을 당하는 다른 사람을 도와줄 수 있게 된다. 물론 이 과정은 시간이 오래 걸리고 그 과정 자체가 아픔이지만, 우리 마음은 상처받았다고 그냥 쓰러져 버리지는 않는다. 이런 마음의 회복 능력은 21세기 심리학자들의 주요 주제가 되었다.

이런 능력은 도대체 어디에서 오는 것일까?

나는 이것이 하나님으로부터 온 것이라고 본다. 하나님은 우리에게 이와 같은 자연적인 회복과 치유의 능력을 태어날 때부터 주셨다. 그래서 아주 어릴 때부터 부모로부터 버림받고 학대받은 아이들도 힘든 상황 속에서 꿋꿋하게 잘 견디고 인격적으로 성숙한 성인으로 자라기도 한다. 그래서 사랑을 받아 본 적이 없는 사람도 넘치는 사랑으로 다른 사람을 잘 섬길 수 있게 되기도 한다.

이렇게 우리 마음의 회복과 치유의 능력은 사랑을 많이 받고 풍족하게 자랐기 때문에 생긴 것이 아니다. 그것은 그냥 하나님이 처음부터 주신 것이다. 모든 사람에게 다 있는 것이다.

그러나 상담받으러 오는 분들은 자기 안에 있는 이 회복과 치유의 능력을 잘 찾지 못해서 오는 것이다. 그런 면에서 보면, 하나님이 주신 이 회복과 치유의 능력을 함께 찾아보는 것이 하나님과 함께하는 상담의 과정이라고 할 수 있다.

마음의 상처

너무도 쉽게 상처받지만, 또 한편으로는 놀라운 회복력을 가지고 있는 우리의 마음, 상담은 그 마음을 치유하는 대화이다.

몸이 상처받았을 때를 생각해 보면 처음에는 그 상처 받은 자리가 아프고, 조금만 스쳐도 통증이 있다. 하지만 다행히 의술의 발달로 적당한 치료를 받을 수 있다. 약을 바를 수도 있고, 소독할 수도 있고, 필요한 처치를 받을 수도 있다.

인간의 세포 자생적 회복력과 함께 의약 분야의 도움으로 치료받은 상처는 시간이 지날수록 조금씩 아물어 낫게 되면서 비록 흉터는 남아 있더라도 처음 상처받았을 때의 통증은 사라지게 된다. 그러니까 살 수 있는 것이다.

하지만 마음은 좀 다르다. 쉽게 상처받은 마음은 한 번 상처받으면 아물 때까지 시간이 참 오래 걸린다. 그런데 그 아무는 동안에 또 다른 마음의 상처를 계속해서 받게 된다면 상처가 아물 수가 없다. 게다가 마음의 상처는 눈에 보이지도 않고 상처를 낫게 하는 약도 없다. 그러다 보니 생존에 강한 우리 마음은 아픈 상처를 마비시켜 버리고 더 이상 그 아픔을 느끼지 못하게 만들어 버린다.

하지만 그런 과정에서 우리 마음은 상처뿐 아니라 다른 마음의 기능까지 같이 마비시켜 버려서, 우리 마음은 정상적인 기능을 하지 못하게 된다. 지나치게 우울하거나, 아무런 의욕이 없거나, 즐겁고 행복한 것을 느끼지 못하거나, 지나치게 과장되거나, 혹은 경직되고 불안정한 상태로 살아가게 된다.

마음속에 어떤 상처가 있는지 확실하게 아는 사람은 많지 않다. 보이지 않기 때문이다. 하지만 느낄 수는 있다. 뭔가 잘못된 듯한 느낌, 혹은 이유 없이—사실은 이유가 없는 것이 아니라 이유를 모르는 것이다. 이유 없는 아픔은 없다. 적어도 마음에 관해서는—슬프거나 사무치게 외로워지고, 사는 게 재미가 없다고 느끼거나 하루하루가 힘들다는 절망감을 느끼게 된다.

마음의 상처는 처음에는 그저 마음속에 불편한 느낌으로 있다가 심하게 곪으면 문제 행동을 만들어 낸다. 별것 아닌 일에도 갑작스럽게 터지는 분노 폭발, 인간관계를 자기 좋은 대로 통제하려는 시도, 술이나 도박 등의 중독적 행동, 자해, 자살에 대한 생각이나 시도, 폭식, 폭력 등이 눈에 보이는 상처의 결과물들이다.

마음의 상처를 가지고 상담받으러 찾아오는 분들은 그 마음의 아픔이 다양한 상태에서 찾아오게 된다. 어떤 분은 마음속에 뭔가 불편한 게 있는데 그걸 해결하고 싶다고 하면서 오기도 하고, 어떤 분은 심각한 문제가 있어서 더 이상 버티지 못하고 응급 처치를 호소하면서 찾아오기도 한다. 어떤 상태로 상담소를 찾든, 그분들은 마음의 아픔을 느끼고 있고, 그것 때문에 찾아오는 것이다.

상담은 이렇게 마음이 아픈 분들의 그 아픈 부분을 만져 주고 낫게 해 주는 일이다. 그러기 위해 가장 먼저 할 일은 현재 상태를 가능하면 총체적으로 파악하는 것이다. 마음이 어떻게 아프고 언제부터 아팠는지, 그 고통이 어느 정도인지 그리고 누구에게 왜 상처받았는지 대화를 통해 찾아보는 것이다. 이 과정은 참 힘들고 아픈 과정이다.

마음이 너무 아픈 사람들은 그 아픔을 보고 싶어 하지 않고 억누르려 하는 게 생존 본능이다. 그래서 심지어는 기억조차 못하는 경우도 있다. 그 아픔의 이야기를 하다 보면 다시 그때의 아픔이 스멀스멀 올라온다. 고통이 너무 심해서 그냥 억눌러 버리고 마비시켜 버렸는데, 그래서 지금껏 그럭저럭 살아갈 수 있었는데, 지금 상담하면서 그때 이야기를 꺼내 놓으니, 마비되었던 감정은 살아나고 억눌렸던 기억이 떠오르면서 굉장히 심한 고통을 느끼기도 한다.

그래서 많은 분이 상담받으러 왔음에도 불구하고 가장 힘든 이야기는 하지 않으려고 피한다. 그래서 별 중요하지도 않은 피상적인 이야기만 늘어놓으면서 한 시간을 채운다.

상담자는 내담자의 마음속에 있는 이런 불안을 잘 알아야 한다. 왜 중요한 이야기는 피하고 주변 이야기로 빙빙 도는지, 무엇을 두려워하는지 이해해 주어야 한다. 상담은 내담자와 함께 가장 어둡고 아픈 기억 속으로 천천히 같이 들어가 주는 것이다. 혼자서는 절대로 마주할 수 없는 아픈 기억, 압도하는 상처의 아픔 속으로 같아 가 주는 것이다.

내담자는 혼자는 못 가지만 신뢰할 수 있는 상담자와 함께라면 조금 용기를 내 볼 수 있다. 내담자의 아픈 기억 속에 함께 가서 거기서 머물러 있을 수 있는 강한 힘과 에너지가 상담자에게는 필수이다.

경험에 의하면, 상담 초보자들은 종종 내담자의 아픈 기억 속에 함께 머물다가 그 아픔을 크게 느끼게 되고 오히려 내담자보다 더 많이 힘들어 하는 경우가 있다. 그래서 상담자 본인이 우울해지고 마음이 지쳐버린다. 상담을 쉽게 생각했기 때문이다. 또한, 본인 마음의 상처를 제대로 처리하지 않은 상태에서 상담에 뛰어든 탓도 있다.

상담자가 자기 마음의 상처를 그대로 가지고 있으면, 상담하는 동안 내담자의 아픈 경험을 접하면서 본인의 상처가 갑자기 되살아 나는 경우가 있다. 그러므로 다른 사람의 마음을 만지는 상담을 하고자 한다면, 먼저 본인 마음의 상처부터 해결해야 한다.

5.
마음을 만지는 상담

상담이 마음을 만지고 치유하는 대화라고 한다면, 어떻게 마음을 만져줄 수 있을까?

상담에서 마음을 만지고 치유하는 방법에는 여러 가지가 있고 지금도 새로운 방법들이 계속 고안되고 있다.

우리 몸의 경우 아픈 곳을 만지면 통증이 줄어든다. 소화가 잘 안될 때, "엄마 손은 약손" 하면서 엄마가 배를 마사지해 주면 어쩐지 덜 아픈 것 같았던 기억들이 있을 것이다. 아프면 우리는 무의식중에 그곳을 만지게 된다. 접촉이 통증을 줄여주는 기제가 되어 준 것이다. 여러 가지 화학적, 심리적 요인이 있지만 그런 것을 모르더라도 따뜻한 접촉이 아픔을 가라앉히는 데 도움이 된다는 것은 우리가 경험을 통해 알고 있다.

우리 마음도 비슷하다. 내 마음속 깊은 곳에 있는 아픈 상처를 누군가가 알아보고 그 부분을 부드럽게 만져 주면 통증이 줄어드는 것을 느낄 수 있다. 혼자 감당하기 어려운 마음의 짐을 상담자와 나누어질 수 있어서 느낄 수 있는 안도감이다.

또한, 세상에 나를 이해해 주고 내 편이 되어 주는 사람이 단 한 사람도 없었는데, 상담자가 내 편이 되어 내 마음을 공감해 주는 경험을 통해 마음의 오래된 상처가 조금은 치유된 것이다.

내 말을 들어 주는 사람, 내 아픔을 이해해 주는 사람, 잘잘못을 가리지 않고 무조건 내 편이 되어 주는 사람과 일정 시간을 함께 보내는 것 자체가 매우 치유적인 것이다. 이 넓은 세상에 그 한 사람이 없어서 극단적인 선택을 하는 사람들도 있다. 단 한 사람만이라도 내 옆에서 힘을 주는 사람이 있다면 극단적 선택을 하지는 않을 것이다. 그런 면에서 상담은 죽을 수도 있는 사람을 살릴 수 있는 아주 중요한 사역이라 말할 수 있다.

마음의 통증은 대부분 몸과 연결이 된다. 마음만 아픈 분들은 거의 없다. 대부분 마음의 통증이 몸으로 이어져 두통이나 가슴 두근거림, 불면증, 소화 불량, 만성 통증 등 신체적 증상을 동반한다.

또한, 마음의 통증은 뇌와도 연결이 된다. 뇌 속 깊은 곳에 저장되어 있는 아픈 기억이 일상에서 건드려질 때마다 뇌에서는 그 기억과 함께 저장된 감정적 아픔이 생생하게 재생이 된다.

뇌 속에서의 이 과정은 이성적 능력이 인지하는 것보다 훨씬 빠르다. 그렇기 때문에 많은 마음의 통증은 이성적으로는 이해가 되지 않을뿐더러 이성적으로 통제할 수도 없다. 마음을 만지는 상담은 이런 뇌의 자동적 통증 시스템을 고쳐준다.

아픈 기억을 말하는 순간에 그 자리에서 함께 아파하고 공감해 주는 상담자를 통해 그 아픔을 소화하게 된다. 그리고 이런 경험이 반복될수록 그 아픈 기억을 말할 때 느껴지는 마음의 통증은 점점 줄어들게 된다.

단순히 대화를 통해서뿐 아니라, 마음의 통증을 완화시키기 위해 뇌 속의 작용을 직접 변화시키기 위한 다양한 방법을 사용하기도 한다. 말은 좌뇌식 방법인데, 이와는 달리 우뇌식 방법을 사용하는 경우도 많다. 예를 들어, 그림 그리기나 음악 듣기, 점토 만들기, 모래 놀이, 이미지나 상상을 활용한 심상 기법 등과 같은 활동을 상담에 추가하는 것이다.

마음이 아픈 분들이 그 통증을 조금이라도 더 덜어낼 수 있도록 상담자들은 다양한 방법을 꾸준히 공부하고 익혀야 한다. 기독교 상담이라고 해서 내담자의 상황에 적용되는 성경 말씀을 읽어주고 기도만 해 주는 것이 아니다. 물론 이런 것들은 기독교 상담에서 아주 중요한 한 부분이지만 그것만 한다고 모든 것이 저절로 해결되는 것은 아니다.

기독교 상담을 하는 분들도 내담자에게 효과적으로 접근할 수 있는 전문적인 상담 기술도 익혀야 한다. 이것은 인간적인 방법에 의존하는 것이 아니라, 하나님께서 허락하신 일반 은총을 충분히 활용해 내담자를 최대한 도와주려는 노력이다.

사람의 마음을 만지는 일은 아주 조심스러운 일이다. 마음을 치유하고 회복시킬 수도 있지만 반대로 이미 예민해진 마음에 더 쓰라린 상처를 줄 수도 있기 때문이다. 도움은 못 돼도 최소한 더 악화시키지는 않도록 상담자는 꾸준히 배우고, 연구해야 한다.

그리고 무엇보다 중요한 것은 상담자는 반드시 기도해야 한다. 상담은 상담자가 하는 것이 아니다. 하나님이 하는 것이다. 상담은 내담자의 삶 속에, 그의 비밀스러운 마음속에 들어가서 그 안에서 영향을 미치게 되는 아주 민감한 일인데, 이것은 상담자 혼자서 할 수 없다. 하나님께서 그곳에 함께 계셔야 치유와 회복이 일어난다. 그렇기 때문에 하나님과 함께하는 상담은 그 자체로 성스러운 예배이다.

영혼을 살리는 대화

상담은 내담자의 아픈 마음을 만져 주고 그 아픔을 덜어 주는 대화이다. 하지만 상담은 그게 다가 아니다. 마음을 치유하는 것만큼, 혹은 그보다 더 중요한 것은, 상담이 영혼을 살리는 대화라는 점이다. 상담은 내담자의 영혼을 향하는 대화이며, 그 영혼이 잘되기를 바라는 소망이 상담자의 궁극적인 동기가 된다.

> 사랑하는 자여, 네 영혼이 잘됨 같이 네가 범사에 잘되고 강건하기를 내가 간구하노라(요삼 1:2).

이 말씀이 상담에 임하는 자의 기본적인 마음가짐을 잘 말해 주고 있다. 앞에서 나눈 것처럼, 나는 사람을 낚는 어부가 되려고 대학 심리학과에 들어갔다. 하지만 졸업할 때쯤 나는 뭔가 부족하다는 아쉬움을 떨칠 수가 없었다. 대학에서 배운 심리학이 인간의 영적인 영역을 다루지 않았기 때문이었다.

사실 오랫동안 소위 '주류'라는 인본주의적, 과학적 심리학 세계에서는 인간의 영적 영역을 배제해 왔었다. 물론 영성을 강조했던 심리학 분야가 없었던 것은 아니다. 다만 영성을 강조한 심리학자들은 주류로 인정받지 못했기에 많이 알려지지 않았다.

이런 현상은 주류 심리학자들이 영적인 영역을 아예 부인했다기보다는, 볼 수도 없고 객관적인 근거도 없기 때문에 영성을 심리학의 분야에 포함하지 않았기 때문이었다.

하지만 인간 내면에는 심리학만으로는 설명할 수 없는 영적인 영역이 분명히 존재한다. 인간은 영적인 존재이다. 이 영적 영역은 심리적 영역보다 더 깊고 근원적이기 때문에 영적 영역을 배제한 상담이나 심리 치료로는 진정한 치유는 불가능하다.

인본주의 심리학에 기반한 상담으로는 잠깐 좋아지는 듯하다가도 곧 재발하거나 더 나빠지는 이유가 바로 영적 영역을 다루지 않았기 때문이다. 최근에는 영성이 인간 심리에 미치는 영향에 대해 많은 심리학자가 주목하고 그 결과, 영성을 중심으로 하는 심리학들이 주류에 포함되어 많이 연구되고 있는데, 이런 점은 반가운 현상이라 할 수 있다.

우리의 마음이 많이 아플 때, 우리의 영혼도 많이 아프다. 그리고 그때 더 처절하게 하나님을 찾는 이도 있고, 하나님과 완전히 단절된 상태를 경험하는 이도 있다.

보이슨(Anton Boisen)이라는 신학자이자 심리학자는 본인이 정신착란증세로 정신병동에 입원해 치료받는 과정에서 심리적으로 힘든 사람들이 얼마나 의미심장한 영적 경험을 하는지 직접 체험하게 되었다.

그는 퇴원한 후 신학교에서 학생들을 가르치면서 신학생들에게 책을 통해서만 공부할 게 아니라 직접 정신병동의 환자들을 만나 대화하면서 그들을 통해 영성을 배우도록 정신병동에서 한 학기 동안 실습을 하도록 했다.

이와 같이 보이슨은 인간의 영혼에 관심을 갖는 신학생들이 책뿐 아니라 '살아있는 인간 문서'(Living human document)인 환자들을 통해 배워야 한다고 가르쳤고, 그의 방법은 '임상목회훈련'(CPE: Clinical Pastoral Education)이라는 이름으로 지금까지도 많은 신학교와 병원에서 행해지고 있다.

굳이 보이슨을 언급하지 않더라도 우리는 마음의 아픔과 영혼과의 관계를 경험으로 알고 있다. 심리적 고통 속에서 간절히 하나님을 찾는 많은 목소리를 성경에서 찾아볼 수 있고, 우리 주변에서 들을 수 있다. 심리적 고통으로 짓눌려 영혼이 질식하고 허물어져 가는 사람들도 어렵지 않게 찾을 수 있다. 영혼과 마음이 같은 것은 아니지만 서로 매우 긴밀하게 연관되어 있음은 틀림없다.

마음의 고통으로 더 간절히 하나님을 찾을 때, 하나님은 그 영혼을 무시하지 않으시고 만나 주신다.

> 하나님께서 구하시는 제사는 상한 심령이라 하나님이여 상하고 통회하는 마음을 주께서 멸시하지 아니하시리이다(시 51:17).

> 너희가 온 마음으로 나를 구하면 나를 찾을 것이요 나를 만나리라(렘 29:13).

성경에서도 다윗의 고백과 하나님의 약속 말씀을 볼 수 있는 것처럼 마음의 고통 가운데 하나님을 간절히 찾는 내담자에게 상담자가 해 줄 수 있는 것은 내담자와 함께 하나님을 기다리면서, 내담자가 더욱 주님을 바라볼 수 있도록 응원하며 기도해 주는 것이다.

우리가 하나님을 만나고 하나님과의 교제를 통해 얻게 되는 평안과 회복의 은혜는 심리 상담이나 심리 치료가 줄 수 있는 것보다 훨씬 더 능력 있는 치유의 근원이다. 비록 마음에 상처가 있어도, 성령의 도우심으로 그 아픔을 극복하고 더 성숙해질 수 있는 방향으로 나아갈 힘을 얻게 된다. 이 세상 사람들은 나를 아프게 해도 오직 나를 사랑하고 나와 동행하시는 하나님께서 계시면 어떤 시련도 이겨낼 수 있는 것이다.

하나님과 함께하는 상담자는 내담자가 결국은 하나님을 더 친밀하게 만나고 성령의 능력으로 치유함을 입도록 안내하는 역할을 해 주어야 한다.

7.
마른 나뭇가지야, 살아나라!

　마음이 많이 아픈 사람들의 자기 보호 방식은 다양하다. 그 중 한 가지는 다른 사람이 자기 안의 깊은 상처를 보지 못하도록 자기를 꽤 괜찮은 사람인 것처럼 보이게 하는 위장술이다. 그래서 외모와 환경을 말끔하고 멋있게 꾸미고, 열심히 일해서 성공하려 하고, 완벽한 사람이 되려고 한다. 그렇게만 된다면 내 안에 이런 아픔이 있다는 것을 다른 사람들은 전혀 모를 것이라고 생각한다.

　그럴듯한 사람이 된다면 나 역시도 내 안의 상처를 잊고 잘 살아갈 수 있을 것이라 생각한다. 그래서 철저하게 다이어트를 하고 화장과 성형을 한다. 밤새도록 공부하고 일하고, 심지어는 일 중독이 된다. 모든 일에 흠잡을 데 없이 완벽하게 하고, 아주 작은 결점까지도 찾아내고자 끊임없이 자신을 살피고 채찍질한다. 완벽주의와 내면 비판자는 이 위장술에 일등 공신이다.

혹은 남들에게 필요한 사람이 되고자 노력하기도 한다. 남의 필요를 알아채고 그것을 채워주는데 빠르다. 늘 남의 비위를 맞추고, 자신의 필요보다는 다른 사람의 필요와 감정에 초점을 맞춘다. 그래서 어디에서나 필요한 사람이 되려고 한다. 이유는 마찬가지이다. 남들에게 필요한 사람이 되면 남들이 나를 좋아할 것이고, 그렇다면 내 안의 상처는 영원히 숨겨질 것이라 믿기 때문이다.

하지만 마음속의 상처는 내가 숨겨 놓은 깊은 곳에 그냥 묻혀 있지 않는다. 겉으로 보기에는 아무 문제 없는 사람처럼 보이지만 속에서는 깊은 상처의 아픔이 항상 존재하고 있다. 때가 되면 억눌려 있었던 상처가 사소한 자극에도 예기치 못하게 되살아나고, 그 상처가 건드려지면 마음은 오랜 시간이 지났음에도 그때의 아픔으로 가득하게 된다. 따라서 마음속의 상처는 잠시 숨길 수는 있지만 없앨 수는 없다.

그래서 마음속 상처를 스스로 해결하는 또 다른 방법은 마비시켜 버리는 것이다. 느끼지 않는 것이다. 그러나 어떤 이는 마비시키기를 원하지만 너무 아파 마비시키지 못한다. 그래서 마음에 잠시 동안 위안을 주는 것들을 선택하기도 한다.

예를 들면, 상처로 인한 슬픔이나 고통을 잠시 잊게 해 줄 수 있는 술, 마약, 도박, 포르노 등과 같은 것에 의존하여 중독되는 경우도 있다. 대체로 이러한 물질(또는 행위)들에 빠진 그 잠깐의 시간 동안은 마음속 상처는 마비되어 느껴지지 않고 대신 중독이 주는 쾌락이 위안이 된다.

어떤 이는 자해를 하기도 한다. 스스로 고통을 주는 것이다. 이것은 마치 주사기의 따끔함을 가리기 위해 손바닥으로 찰싹 때리는 간호사의 행위와 비슷한 효과를 준다. 다른 부분이 아프기 때문에 그 아픔을 느끼는 순간만큼은 마음속 아픔은 잠깐 잊게 되는 것이다.

하지만 이 모든 것은 잠깐만 효과가 있을 뿐이다. 다시 일상으로 돌아오게 되면 그런 행위를 했다는 자신에 대해 환멸과 자책감을 느끼게 되어 더욱 괴롭다.

이런 상태가 반복될수록 영혼도 날마다 피폐해진다. 하나님께서 계신 건지 아닌 건지 감각이 무뎌진다. 마치 사막 불볕더위에 말라비틀어진 식물처럼, 영혼이 마르고 생명력이 사라진다. 숨만 쉬고 있을 뿐 영혼은 죽어가고 있다.

이런 분을 상담실에서 처음 대하면, 무표정하고 생기 없는 얼굴에서 얼마나 그의 영혼이 신음하고 있는지를 직감적으로 알 수 있다. 그리고 마음속이 찌르르 아파오는 것을 느낀다.

하나님도 그를 보고 그렇게 느꼈으리라!

상담이 마음을 만지고 영혼을 살리는 대화라고 하는 내 나름의 정의는 어쩌면 상담이 그런 역할을 해 주기를 간절히 바라는 나의 소망에서 나온 것일지도 모른다.

인간의 마음만을 치료하려고 노력하는 것은 어찌 보면 반만 치료하는 것과 같다. 영혼이 살아나야 다른 부분에도 생명력이 생긴다. 그리고 우리의 영혼을 소생케 하시는 분은 하나님이다. 하나님의 능력과 은혜로 마른 나뭇가지처럼 죽어가던 영혼이 다시 살아날 수 있다.

그리고 하나님은 이 놀라운 일을, 그분의 능력을 믿고 의지하는 그리고 용감하게 다른 사람들의 아픔 속으로 기꺼이 들어가고자 하는 상담자들을 통해서 이루신다.

상담자는 인간의 마음을 돌봐야 하지만 마음에만 집중해서는 안 된다. 내담자의 영혼을 볼 수 있어야 한다. 죽을 수도 있는 한 사람을 살릴 수 있는 것은 영혼을 살리는 상담의 능력이다. 그리고 이런 상담을 훈련받기 위해 심리학과 인문학적 상담학도 배워야 하지만 이와 함께 신학과 영성 역시 공부하고 훈련받아야 한다.

하나님과 함께하는 상담은 한 사람의 영혼을 바라보고 그 영혼이 하나님을 바라볼 수 있도록 그리고 하나님께 다가가 영혼의 생수를 공급받아 다시 살아날 수 있도록 안내하는 것이다. 그것이 마음을 만지고 영혼을 살리는 상담이다.

가난한 자에게 복음을 …

주의 성령이 내게 임하셨으니 이는 가난한 자에게 복음을 전하
게 하시려고 내게 기름을 부으시고 나를 보내사 포로 된 자에게
자유를, 눈 먼 자에게 다시 보게 함을 전파하며 눌린 자를 자유
롭게 하고 주의 은혜의 해를 전파하게 하려 하심이라 하였더라
(눅 4:18-19).

예수님께서는 고향인 나사렛 회당에서 이사야서에 예언된 이 말씀을 읽으시고, 오늘 이 말씀이 이루어졌다고 말씀하셨다(눅 4:21). 이 말씀은 예수님께서 이 땅에 오신 이유와 목적을 말하고 있다. 하지만 한편으로는 예수님을 따르는 제자들의 소명이기도 하다. 나는 이 말씀이 상담하는 사람들에게도 잘 적용되는 말씀이라 생각한다. 이 말씀을 통해 하나님과 함께하는 상담에 관한 아주 중요한 특징을 찾을 수 있고, 상담자에게 맡겨진 소명을 발견할 수 있기 때문이다.

첫째, 상담의 능력이 어디서 오는가에 대한 확인이다.

내담자를 마주하고 앉아서 그 내담자를 어떻게 하면 도울 수 있을지 고민하다 보면, 상담의 목표인 치유와 회복이 마치 상담자의 손에 달린 것처럼 느껴지고, 상담자는 자기 능력으로 이 일을 한다고 생각하기 쉽다.

그래서 많은 초보 상담자는 내담자 만나기를 꺼리고 상담하기를 두려워하기도 한다.

나도 내 삶이 엉망인데, 나도 이렇게 문제 많은 상태로 살고 있는데, 혹은 나는 아직 배운 것도 많지 않고 훈련이 부족한데, 이런 내가 어떻게 다른 사람을 상담할 수 있겠는가?

이것이 많은 초보 상담자의 고민이다.

또 반대로 경험이 많아지고 노련해지면 상담자는 자만해지기 쉽다. 내담자가 좋아지는 것이 보이면 자기가 내담자의 삶을 구원해 준 것 같은 기분에 취하게 되거나, 자기에게 놀라운 상담자의 능력이 있다고 생각하게 되기도 한다.

하지만 상담을 하나님이 나에게 맡긴 '소명'으로 여긴다면, 이 누가복음 말씀에 비추어 상담에서의 회복과 치유의 능력이 어디에서 오는지 가슴에 새길 필요가 있다.

말씀에서는 "주의 성령이" 임하셨고, 특별한 목적으로 "내게 기름을 부으시고 나를 보내셨다"고 하신다. 즉, 상담에서의 능력은 바로 성령의 능력이어야 하고, 성령의 기름으로 보내심을 받는 것이다. 상담에서 치유와 회복의 능력이 하나님께 있다는 것을 인정하는 것이 하나님과 함께하는 상담의 출발점이다.

이것은 상담을 시작하기 전에는 물론이고 상담 중에도 그리고 상담을 끝낸 후에도 늘 마음에 새기고 있어야 하는 가장 중요한 상담의 특징이다. 나에게 그 내담자를 보내신 분이 하나님이라는 것을 믿는다면, 상담의 주인은 내가 아니라 바로 하나님이라는 것을 알게 된다. 또한, 이 내담자는 나의 내담자가 아니라 주님의 내담자라는 것도 기억해야 한다.

하나님은 누구보다도 내담자의 모든 것을 잘 알고 계시고, 하나님께서 나를 이 내담자에게 보내셨다는 것은, 하나님 보시기에 내가 그에게 줄 수 있는 것이 있다고 판단하셨기 때문이다. 그러므로 내담자 앞에서 위축되거나 불안해할 필요가 없다. 그게 뭔지는 모르지만 이 내담자는 나를 통해 도움받을 것이 있다는 것이다.

하나님께 상담의 전 과정을 철저히 의지한다면 하나님은 이 상담 과정을 통해 내담자가 필요한 도움을 충분히 받을 수 있도록 나를 사용하시고 상담을 인도해 갈 것이다. 그러므로, 상담자가 할 일은 상담의 주인이신 하나님을 인정하고 늘 하나님에게 물으며 상담을 진행해야 한다.

둘째, 이 말씀에서는 상담자를 향한 하나님의 목적이 나타나 있다.

"가난한 자에게 복음을 전하게 하시려고" 가난한 자들이란 물론 경제적으로 어려운 사람들을 말할 수 있다. 하지만 상담이라는 관점에서 본다면, 가난한 사람은 마음이 빈곤한 사람으로 볼 수도 있다. 마음이 외로움으로 허전하고, 헐벗고 굶주린 것처럼 마음속에 기쁨이 없고, 사는지 죽었는지도 모를 만큼 그렇게 하루하루 버티고 있는 사람들이다. 혼자 고통받으면서, 아파도 누군가에게 아프다는 말도 할 수 없는 사람들이다.

이 세상에 내 편이 되어 주는 단 한 사람이 없는 사람들, 마음속에 늘 찬 바람이 불고 급기야 마음이 꽁꽁 얼어붙어 아무런 온기를 느낄 수 없는 사람들, 그래서 다른 사람과의 관계에서도 문제가 생기고, 삶을 사는 데 있어 사는 게 죽는 것보다 좋은 이유를 알 수 없는 사람들, 그런 사람들이 마음이 가난한 사람들이 아닐까 생각한다. 그런 사람들에게 복음을 전해 주는 것이 상담자들의 소명이다.

복음은 기쁜 소식, 생명을 주는 소식이다. 꽁꽁 얼어붙은 그분들의 마음을 따뜻하게 녹여 줄 수 있는 사랑을 전해주는 소식이다. 이 세상을 살아가는 동안에 죽지 못해 사는 것이 아니라, 하루하루 겨우 숨 쉬며 견디는 것이 아니라, 풍성하고 아름다운 삶을 살아갈 수 있도록(요 10:10) 힘을 주는 메시지를 전해 주는 것이다. 이것이 상담자들을 부르신 하나님의 목적이다.

9.

포로된 자에게 자유를,
눈먼 자에게 다시 보게 함을 …

　상담실에서 만났던 김 집사님의 이야기이다. 딸 부잣집에서 여섯째 딸로 태어난 김 집사님은 딸이라는 이유로 태어나면서부터 부모로부터 냉대를 당했다. 어머니는 김 집사님을 낳고 미역국도 안 먹었다고 한다. 김 집사님이 태어난 날 온 집은 초상 분위기였다고 한다. 자라나면서 천덕꾸러기로 자란 김 집사님은 스스로 무언가 부족하고 보잘것없는 존재라고 생각했다. 밥 먹는 것조차 미안했고, 늘 눈치를 살폈으며, 실수하지 않도록 항상 조심했다.

　가뜩이나 못난 것이 행동도 엉망이라는 욕을 먹지 않기 위해 늘 숨죽이며 살았다. 이 세상이 통째로 자기를 거부한 것 같은 느낌을 항상 가지고 있었으며, 그나마 존재 가치를 느끼기 위해 남에게 필요한 존재가 되어야 한다는 생각에 늘 다른 사람을 열심히 섬겼다. 남을 섬겨줄 때는 자신이 뭔가 쓸모 있는 존재가 된 것 같아 좋았다.

그러다 보니 늘 다른 사람의 필요를 민감하게 파악하려 애썼고, 자신을 희생해 가며 다른 사람의 필요를 채워 주었다. 부부 관계에서도, 자녀와의 관계에서도, 시댁과의 관계에서도, 교회에서도 항상 김 집사님은 늘 바쁘게 남을 섬겼다.

하지만 사람들은 점점 그것을 당연하게 받아들였고, 고마워하기는커녕, 더 많은 것을 바랐다. 또한, 그렇게 헌신적으로 수고하는 김 집사님을 무시하고 함부로 대했다. 김 집사님은 점점 마음이 무너져 감을 느꼈고, 하루하루 견디기 힘들어 상담실을 찾았다.

상담을 통해 김 집사님은 그동안 자신에게 벌어진 모든 일, 특히 부모의 차별과 거절과 차가운 양육이 일어나서는 안 되는 안타까운 일이라는 것을 알게 되었다. 김 집사님은 그저 딸로 태어났기에 그 모든 것이 당연하다고 여겼지만, 하나님 보시기에 김 집사님은 절대로 그런 대우를 받아서는 안 되는, 귀한 하나님의 딸이라는 것을 새롭게 깨달았다. 그리고 왜 자신이 그토록 다른 사람의 필요에 민감했는지 이해하게 되었다.

또한, 남의 필요를 살피느라 정작 자신의 필요는 전혀 돌아본 적이 없었다는 것도 알게 되었다. 김 집사님은 심지어 자기가 먹고 싶은 음식이 무엇인지도 말할 수 없었다. 늘 다른 사람이 먹고 싶은 것만 요리했기 때문이었다.

김 집사님은 그동안 자기가 여자로 태어난 게 본인 잘못이며, 그 잘못 때문에 부당한 대우를 받는 게 마땅하고, 그나마 인정받기 위해 다른 사람의 노예처럼 그저 남을 섬기기만 해야 한다는 생각에서 벗어날 수 없는 포로가 되어 살아왔다는 것을 새롭게 볼 수 있었다.

남의 필요와 감정 상태만 챙기느라고, 자기자신에 대해서는 눈먼 자로 살아왔다는 것도 알게 되었다. 뭔가 잘못되고 모자란 사람이라는 열등감과 죄책감 그리고 수치심으로 늘 눌려 있었던 자기 모습을 비로소 보게 되었다. 이것이 이사야에서 말씀하시는 "포로된 자에게 자유를, 눈먼 자에게 다시 보게 함을 전파하며 눌린 자를 자유롭게"(사 61:1) 하는 것이다.

김 집사님은 이제 지금까지 자신을 규정해 왔던 부정적인 말들이 거짓이라는 것을 분명히 안다. 그러므로 더 이상 그 말에 포로로 잡혀 있지 않고, 자유로워졌다. 또한, 하나님의 피조물로 거룩하고 아름답게 만들어진 귀한 존재로서의 자기자신을 볼 수 있게 되었다. 그리고 더 이상 부정적인 감정에 눌리지도 않게 되었다.

상담하다 보면 너무도 많은 분이 이와 같은 자신에 대한 잘못된 신념과 거짓말에 묶여 있는 것을 보게 된다. 이전에 받았던 상처가 아파서 그로 인한 부정적 감정에 짓눌리는 것도 보게 된다. 이런 분들에게 자유와 다시 보게 함을 가능하도록 돕는 것이 하나님과 함께하는 상담이다.

이것은 결국 주의 은혜의 해를 전파하는 것과 같다. 주님의 은혜가 충만하게 임할 때, 눈에 있던 비늘 같은 것이 떨어지고 비로소 진리를 분명하게 볼 수 있게 된다. 그러면 자신을 짓누르고 있던 거짓말과 잘못된 감정들 그리고 악한 말들이 보이게 되고 그것들로부터 자유로워질 수 있다.

하나님과 함께하는 상담자는 결국 하나님의 은혜에 이르는 데 도움이 필요한 분들을 안내하는 안내자이다. 거기에 이르도록 도울 방법은 다양하며, 효과적인 방법도 각 사람에 따라 다를 수 있다. 그러므로 상담자는 하나님 은혜의 해가 전파되기를 기도하는 마음으로 상담에 임하는 것과 동시에, 내담자를 괴롭게 하는 것을 드러내어 볼 수 있게 하는 여러 가지 방법을 익히고 훈련해야 한다.

상담에서 기도는 필수지만, 결코 기도만으로 상담이 다 되는 것은 아니다. 하나님과 함께하는 상담자는 기도와 상담 기법, 이 두 개의 날개를 다 가지고 균형 있게 내담자를 도와야 한다.

하나님과 함께하는 상담의 신념

 상담은 그 이론적 배경, 상담자의 가치관, 훈련 내용 등에 따라 매우 다양한 모습을 띤다. 그중에서 내가 하는 것 그리고 내가 학교에서 가르치는 것은 하나님과 함께하는 상담, 즉 기독교 상담이다. 신앙은 내 삶의 일부가 아니라 전부이기 때문에 내가 하는 일에도 당연히 반영될 수밖에 없다. 그리고 그래야만 한다고 생각한다.

 신앙과 상담을 굳이 구별하려 애쓰는 분도 있지만, 나는 그렇게 해야 할 이유를 찾을 수 없다. 신앙인이 하는 상담은 처음부터 끝까지 신앙적이어야 한다.

 나는 상담자와 내담자와의 만남이 하나님께서 인도하신 것으로 믿는다. 이 만남은 비록 상담자가 부족하더라도 그 상담자를 통해 내담자가 도움을 얻을 수 있는 부분이 있다는 하나님의 판단으로 이루어진 만남이다. 신앙의 눈으로 보면 내담자는 하나님이 너무도 사랑하는 하나님의 자녀이다. 그가 현재 하나님을 믿든 안 믿든 상관없이 그렇다.

그리고 하나님이 그 사랑하는 자녀가 고통 중에 있을 때 그를 도와주라고 상담자에게 부탁하는 것이다. 우리는 이것을 거룩한 신뢰(Sacred Trust)라고 말한다. 즉, 하나님께서 우리를 믿고 그 사랑하는 자녀를 우리에게 잠시 맡기시는 것이다.

우리에겐 있지만 하나님께는 없는 것이 하나 있다. 그건 바로 육신, 즉 사람의 몸이다. 그래서 하나님의 자녀가 고통 중에 있을 때 직접 그에게 다가가 그의 손을 잡아주고 그를 안아 주고 그에게 이런저런 위로의 말씀을 하실 수 없다.

물론, 하나님은 종종 그렇게 하기도 하신다. 하나님만의 방법으로. 하지만 문제는 사람이 그걸 알아채지 못한다는 것이다. 육신 대 육신의 관계가 아니기 때문에 영적으로 둔한 사람은 하나님의 말씀하심을 잘 느끼지 못할 때가 많다.

그래서 하나님은 그 일을 대신하도록 신실한 상담자에게 그 자녀를 보내신다. 그리고 하나님이 그렇게 판단하셨다면, 그것은 우리 안에 그 사람을 도와줄 수 있는 무엇인가가 있다는 뜻으로 볼 수 있다. 하나님은 그걸 보셨기 때문에 우리를 믿어주시는 것이다.

설령 우리가 부족하다 하더라도 맡기신 분이 하나님이니 필요한 능력 또한 하나님께서 주실 것을 믿는다. 이런 믿음은 상담자를 더욱 겸손하게 하고, 하나님께 상담의 모든 과정을 맡기는 마음으로 상담에 임하게 할 뿐만 아니라 나는 너무 부족해서 상담할 수 없다는 핑계를 댈 수 없게 만들기도 한다.

내담자를 하나님이 나를 믿고 보내 주신 하나님의 자녀로 보는 시선은 상담 자체를 하나님과 함께하는 거룩한 시간으로 만들어 준다. 상담자는 상담 전에 이 상담을 통해 내담자가 도움을 받을 수 있도록 기도한다.

그리고 그의 아픔과 고통을 깊이 공감해 주고, 순간순간 하나님께서 주시는 영감도 놓치지 않고 하나님이 상담을 이끌어 가시도록 성령님을 의지한다.

상담 시간에 내담자가 동의하면 내담자를 위해 기도해 주기도 한다. 많은 경우 상담자의 기도에 내담자는 눈물로 함께 기도하고 매우 감사해한다. 그리고 상담이 끝난 후에도 내담자를 위해 중보기도를 쉬지 않는다. 상담자가 할 가장 중요한 일은 하나님의 마음으로 내담자를 사랑해 주는 것이다. 그를 이해해 주고 그의 편이 되어 주고 그를 위로해 주는 것이다.

변화는 점진적으로 보이기도 하지만 어느 날 갑자기 혹 나타나기도 한다. 그냥 하나님이 하셨다고밖에는 말할 수 없는 강력한 치유가 일어나기도 하고, 내담자의 주변 상황이 달라지는 일이 생기기도 한다. 내담자 마음속에 용기와 힘이 생겨서 내담자 스스로 새로운 도전을 시도해 보는 일도 일어난다. 많은 좋은 변화가 일어난다. 그리고 상담자는 이런 변화가 자기 능력에서 나온 게 아니라는 것을 누구보다도 잘 안다.

이 모든 것은 하나님께서 내담자 마음속에서 이루시는 일이다. 그리고 상담자는 이 신비로운 비밀을 하나님과 공유할 수 있는 특권을 누리곤 한다.

하나님을 믿지 않는 사람과 상담할 때에도 크게 다르지 않다. 상담자가 기독교 상담자라는 것을 알고 찾아왔기 때문에 당연히 궁극적 존재 이유와 삶의 의미 그리고 하나님에 대한 이야기가 자연스럽게 상담에서 나오게 된다.

그리고 내담자가 신자이든 비신자이든 내담자의 고통과 문제를 해결할 방법은 '오직 예수'뿐이라는 것은 너무도 확실하다. 그래서 종종 비신자인 내담자에게는 상담자-내담자 관계가 상당히 신뢰롭게 형성된 이후에 조심스럽게 복음을 직접 전한다. 사영리 내용을 소개하거나 성경 구절을 읽어주는 방법 등 다양한 방법을 통해 복음을 전한다.

예수님 없이는 내담자의 어떤 치유도 피상적이기 때문이다. 그리고 많은 경우 상담자에 대한 신뢰는 자연스럽게 그가 전해주는 예수님에 대한 신뢰로 흘러가서, 내담자들은 예수님을 영접하고 삶의 새로운 시작을 상담자와 함께한다.

하나님과 함께하는 상담의 목표

하나님과 함께하는 상담의 목표를 한마디로 말하면, 내담자가 하나님께 조금 더 가까이 갈 수 있도록 도와드리는 것이라 할 수 있다. 물론 그 외에도 상담 사례에 따라 다양한 목표가 있을 수 있다.

내담자의 호소하는 문제가 해결되어 내담자가 정신적으로 조금이라도 더 편안해지는 것도 상담 목표가 될 수 있고, 내담자의 애착 문제가 해결되어 자존감이 향상되고 나아가 전인적으로 건강해져서 다양한 증상이 사라지는 것도 기독교 상담의 목표가 될 수 있다.

하지만 가장 궁극적인 목표는 내담자가 겪는 고난과 증상들을 통해 그리고 그것들을 다루는 과정을 통해, 내담자가 하나님을 알게 되고 이전보다 더 하나님과 친밀한 관계를 맺을 수 있도록 하는 것이다.

이것이 궁극적인 목표이므로 설령 내담자의 호소 문제가 완전히 해결되지 못하고 증상이 사라지지 않았다 하더라도, 내담자가 하나님께 더 가까이 갔음을 확신할 수 있다면 그 상담은 성공했다고 볼 수 있다.

하나님과 함께하는 상담은 모든 치유와 회복의 능력이 하나님께 있다고 믿는다. 그래서 내담자가 그 하나님과 연결되고, 하나님으로부터 치유의 능력을 공급받을 수 있다면 그때부터는 사실 상담자가 꼭 필요한 게 아니다. 그래서 기독교 상담은 처음부터 상담의 방향성이 정해져 있다. 하나님께로 더 가까이 가는 것이 상담의 방향성이다.

간혹 비신자가 상담받으러 오는 경우도 있다. 비신자가 공개적인 기독교 상담자를 찾아온다는 것은 그만큼 기독교 복음을 향해 마음이 열려 있다는 뜻으로 볼 수도 있다. 상담자가 본인이 기독교 상담을 한다는 것을 분명히 알렸다면 내담자는 그것을 허용한다고 볼 수 있다.

그리고 신자든 비신자든 하나님은 똑같이 사랑하시고 비신자 내담자 역시 하나님이 창조한 하나님의 소중한 자녀이다. 비신자 내담자가 하나님께 얼굴을 향하고 하나님을 마침내 만날 수 있도록 안내하는 것은 비신자 내담자 상담에서 가장 중요한 목표이다. 그러므로 비신자 내담자 상담에서는 어느 시점에서 그에게 복음을 전하는 것이 자연스러운 상담의 과정이 된다.

신자인 내담자와 상담할 때에도 상담자는 내담자가 하나님을 어떻게 경험하고 이해하고 있는지 탐색한다. 그리고 이 문제들을 통해 내담자가 하나님을 더 잘 알고 더 깊은 관계를 발전시킬 수 있도록 돕는다. 이를 위해 내담자와 함께 기도하거나 성경을 읽는 것은 큰 도움이 된다.

종종 어떤 내담자는 성경에 대해 궁금한 점이나 신학적인 질문을 가지고 올 때도 있다. 하나님과 함께하는 상담자는 이런 상황도 예상하고 적절하게 대비하고 있어야 한다.

하나님과 함께하는 기독교 상담자는 무엇보다도 하나님의 사랑과 은혜를 대리하는 사람이다. 다시 말해, 지치고 상한 내담자들이 기독교 상담자와의 상담 시간을 통해 하나님의 사랑과 은혜를 간접적으로 경험할 수 있도록 해 줘야 하는 사명이 있다. 따라서 하나님의 눈으로 내담자를 보고, 하나님의 사랑과 연민의 마음으로 내담자를 대해야 한다.

우리의 어린 시절은 물론이고 성장하는 과정 내내 많은 경우 어떤 조건을 충족해야만, 즉 말을 잘 들어야만, 착해야만, 순종적이어야만, 예뻐야만, 공부를 잘해야만, 좋은 대학에 들어가야만, 돈을 잘 벌어야만, 사랑과 인정을 받을 수 있었다. 그리고 이렇게 조건적인 상황을 반복적으로 경험하다 보니 하나님의 사랑도 조건적이라고 이해하기 쉽다.

또는 성장 과정에서 혹독한 비난과 처벌, 혹은 사랑과 인정의 철수를 경험하기도 해서 자동으로 사회적으로 부과된 조건들에 부합하려 애쓰다 보니 하나님도 그런 분으로 오해하기도 하고 하나님의 무조건적인 사랑과 수용과 은혜를 상상하기가 어렵기도 하다.

그래서 내담자들이 기독교 상담자를 통해 무조건적인 존중과 사랑을 실제로 경험할 수 있다면 하나님에 대해서도 더 잘 이해할 수 있게 된다. 하나님과 함께하는 상담자들은 내담자에게 어떤 조건을 주는 게 아니라, 어떤 상황에서도 무조건 내담자를 존중하고 수용하며 인정해 주어야 하고, 이것이 바로 내담자를 하나님께 한 걸음 더 다가갈 수 있게 하는 첫 단계가 된다.

그리고 그렇게 내담자가 하나님께 가까이 갈수록 자기자신을 더 자세히 볼 수 있게 되고, 하나님의 관점에서 자기가 어떤 존재인지를 더 잘 알아감으로써 하나님이 독생자까지 희생할 만큼 사랑하신 나 자신을 스스로도 조금씩 더 용납하고 사랑하게 된다.

결국, 하나님께 더 가까이 가는 것은 하나님과의 관계뿐 아니라 자신과의 관계도 새롭게 하고 더 풍요롭게 할 수 있다. 그리고 하나님과 함께하는 상담자의 가장 중요한 역할은 이런 과정을 안내하고 함께 동행하는 것이다.

'성경적'인 상담에 대한 집착

우리 인간은 한 치 앞을 모르는 애매모호한 상황에서 순간순간을 살아가고 있다. 그러다 보니 무엇이든 확실한 것을 통해 미래를 예측해서 다가올 일에 대비함으로써 마음의 안정감을 갖길 원한다.

하지만 우리 인생은 그렇게 확실한 게 아니다. 우리가 아무리 노력해도 미래를 예측하기가 어렵고 때로는 갈피를 잡을 수 없는 불안 속에서 한 걸음씩 나아가야 하는 것이 우리 인생이며, 여기에서 느끼는 이 불안감은 우리 인간의 한계를 여실히 알게 해 준다.

따라서 우리는 죽는 순간까지 어느 정도의 불안을 느끼며 살아가는 것은 불가피한 것이며, 이 불안을 제거하는 것 또한 불가능한 것이기에 우리가 해야 할 일은 이 불안을 견디고 살아갈 수 있는 내적 힘을 키우는 것이다.

이렇게 우리 삶의 모든 영역에 존재하는 애매모호함은 상담 영역에도 존재한다. 즉, 일반 상담, 기독교 상담, 목회 상담, 영적 상담, 영적 지도, 코칭 등은 접근 방법에서 조금씩 다르지만, 겹치는 부분도 상당히 많고 경계가 모호하다.

하나님과 함께하는 상담을 위해 이 모든 것에 대해 조금씩 다 배우고 훈련해 나가면서 실력 있는 상담자로서의 면모를 갖추게 된다. 그런데 간혹 이런 질문을 하는 사람들이 있다.

"교수님, 방금 설명하신 그 상담 기법은 성경적인 것인가요?"

이 질문에 Yes 또는 No로 간단하게 답을 하기 전에 이 질문을 진지하게 생각해 보게 된다.

왜 이 질문을 하게 되는 걸까?

그분에게 있어서 상담 기법이 성경적이어야 하는지가 왜 그렇게 중요한 것일까?

아마도 '네, 이 상담 기법은 매우 성경적입니다. 이 기법의 성경적 근거는 무엇무엇입니다'라는 답변을 듣는다면 그분은 무척 마음이 편안해질 것이다.

기독교 상담자가 상담자로서 사용해야 할 상담 기법이 성경에 근거를 두고 있다는 것은 그만큼 하나님과 함께하는 상담을 하고 있다는 것에 대한 척도가 되어 주고 상담 기법이 성경에 기반을 두고 있는 '성경적'이라는 것이 상담자로 하여금 내담자를 잘 돕고 있는지에 대한 확실한 지표가 되어 상담자 마음을 편안하게 해 주기 때문이다.

하지만 현실은 앞에서 말한 것처럼 이렇게 확실한 것은 거의 없다. 확실하지 않은 애매모호한 상황에서도 내담자에게 도움이 되기를 기도하며 내담자의 주 호소에 따라 다양한 상담기법을 시도하는 것이 우리가 할 수 있는 최선이기에 기독교 상담자들은 그런 애매모호함이 주는 불안감을 견뎌낼 수 있는 내공이 반드시 필요한다.

여기에서 조금 더 생각해 볼 것은 '성경적'이라는 단어가 무슨 뜻인지 분명히 규명해야 한다. 우리는 '성경적'이라는 말을 무척 좋아하는 것 같다. 그 단어만 앞에 붙으면 다 하나님의 뜻인 것 같고 우리가 바른길로 가고 있다는 확증을 받는 것 같아 그럴 것이다.

하지만 정작 '성경적'이라는 말을 어떤 의미로 사용하는지는 사람에 따라 다 다르다는 것이 문제다.

'성경적'이라는 말이 성경에서 그렇게 하라거나 하지 말라는 암시가 있다는 뜻인지 반드시 성경에 언급되어야만 성경적이라고 하는지 등 성경적이라는 말의 의미 자체가 애매모호하다. 성경에는 많은 이야기가 나온다.

예를 들어, 구약에서 유다는 며느리와 동침하여 자식을 낳는데 이것이 성경에 나오는 이야기라 해서 근친상간을 성경적이라 할 수 있을까?

일부다처제와 자식들 간의 편애, 가정 폭력과 외도 등이 성경에 나온다고 해서 그런 것이 성경적이란 말인가?

현재 많이 사용되고 있는 인터넷 방식의 선교와 예배는 성경에 한마디 언급도 없다.

그러면 이것들은 비성경적인가?

암을 치료하기 위해 사용하는 화학요법과 방사능 치료는 성경에 나오지 않는다.

그럼, 암에 걸린 환자들은 이런 방법을 비성경적이라 하여 사용하기 꺼려해야 하는 것인가?

결국, '성경적'이라는 말은 그것이 성경적이라고 믿는 '해석'의 문제이다. 그리고 해석에는 반드시 해석하는 사람의 인생 경험, 신학, 배경지식 등이 사용된다. 이것이 다 다르기 때문에 성경적이라고 해석하는 것도 사람에 따라 다 다를 수밖에 없다.

마지막으로 덧붙일 것은 성경은 상담 교과서가 아니다. 성경은 쓰인 목적이 있다. 바로 하나님을 알 수 있도록 안내하기 위함이다. 성경은 그 목적에만 충실할 뿐 상담을 가르치기 위해 성경이 씌여진 것은 아니기 때문에, 거기서 상담기법의 근거를 찾아내려 하는 수고는 항상 만족스러운 결과로 끝나는 것은 아니다.

상담이 성경적 혹은 영적으로 바른 것이 되기 위해 특정 기법이 성경에 나와야 한다기 보다는 그 기법을 사용하는 상담자가 하나님 앞에서 겸손과 사랑의 마음으로 사용해야 한다.

상담 기법 자체는 신학적으로 중립적인 것들이 많다. 그것을 신학적으로 건전한 것으로, 성경적인 것으로 만드는 것은 그 기법 자체보다는 그것을 사용하는 사람에 달려 있다. 상담 기법은 그저 도구나 기술에 지나지 않는다. 특정 암을 치료하는 수술 기법이 발명되었을 때 그것이 성경적인지 따지는 것은 무의미하다. 상담 기법 역시 마찬가지이다.

다만 분명히 비성경적이거나 복음에 반대되는 요소가 있는 것을 발견했다면 상담자는 그 부분에 대해 면밀히 살피고 그것을 제거할 수 있다면 제거하고 그럴 수 없다면 단호히 그 기법의 사용을 거부해야 할 때도 있다.

이렇게 반복음적인 요소가 있는지 평가하고 수정 작업을 하는 것이 바로 상담자의 역할이므로 하나님과 함께하는 상담자는 상담 이론뿐 아니라 충분한 신학적인 학습과 성찰이 필요하다.

신학과 심리학의 통합

지금까지 하나님과 함께하는 상담에 대한 개괄적인 이야기를 해 보았다. 어쩌면 나의 개인적인 소견일 수도 있다. 나는 심리학과 신학을 공부하면서 상담은 하나님과 함께하는 상담이어야 능력 있는 치유가 가능하다는 것을 학업과 경험을 통해 실감하였다. 심리학도 신학도 모두 필요하다.

종종 이 중 어느 한 쪽을 지나치게 강조하면서 다른 쪽을 폄하하는 이야기를 듣기도 한다. 보수적인 신학자나 목회자 중에 이렇게 말하는 사람이 있다.

> 상담 같은 인본주의적 지식이 교회에 들어오는 것은 결국 우리 믿음을 연약하게 한다. 우리는 상담이나 심리학에 의존하지 말고 오직 하나님께만 의지해야 한다. 그러나 상담받는 것은 결국 한 인간에 불과한 상담자에게 의존하게 만든다. 마음이 힘들수록 더욱 기도하고 성경을 읽으면서 믿음으로 이겨 내야 한

다. 인간적인 방법을 찾으면 안 된다. 마음의 상처니 뭐니 하는 것은 결국 믿음이 부족하다는 증거다.

나는 이렇게 말하는 분에게서 무자비함과 냉정함 그리고 가혹함을 느낀다. 우는 자들과 함께 울 수 있는 공감 능력을 찾아볼 수가 없다. 예수님은 연약한 사람들을 보고 불쌍히 여겨 눈물을 흘리셨다. 그리고 그들에게 무엇을 해 주기를 원하느냐고 친절하게 물어주셨다. 한 영혼을 사랑하는 분의 모습은 이렇다.

실제로 마음이 많이 아픈 분들은 그들의 믿음을 표현할 능력이 많이 상실했을 수 있다. 하지만 그렇다고 해서 믿음이 없거나 부족한 것은 아니다. 마음이 아픈 분들은 아픈 만큼 더 간절히 하나님을 의지하고 하나님께 매달린다. 마음의 고통을 통해 하나님을 더 깊이 있게 만나기도 한다. 마음의 아픔과 믿음은 반비례하는 게 아니다.

모르는 사람들은 '마음의 상처니 뭐니 하면서 징징거리지 말고 기도하라'고 말하지만, 마음이 아픈 분들은 기도하기 위해 자리에서 일어나는 것 자체를 할 수가 없다. 우울증이 있는 분들은 침대에서 나올 수 있는 에너지조차 없기 때문이다. 이분들은 '믿음'이 없거나 '의지'가 약한 게 아니라 '아픈' 것이다. 기도를 안 하는 게 아니라 할 힘이 없어 못 하는 것이다. 이런 분들에게 필요한 것은 '위로'이다.

예수님께서는 "애통하는 자는 복이 있나니 저희가 위로를 받을 것임이요"(마 5:4)라고 말씀하시며 애통하는 자에게 위로가 복임을 일깨워 주셨다.

상담을 폄하하는 신학자나 목회자 대부분은 상담이 어떤 건지 잘 알지도 못한다. 상담을 배워본 적도, 받아본 적도, 해 본 적도 없으면서 상담에 대해 운운한다는 것 자체가 설득력이 없다.

실제로 하나님과 함께하는 상담은 내담자로 하여금 한 인간에 불과한 상담자에게 의존하게 하지 않는다. 애통하는 그와 함께 울어주고 그를 위해 기도해 주면서 그가 혼자 힘으로 하나님께 나아갈 수 있도록 도와 준다. 이 역시 하나의 목회적 사역이다.

심리학개론 한 과목 듣고, 100년도 더 된 케케묵은 심리학 이론 몇 가지 아는 척하면서 심리학이 인본주의적이고 세상적인 지식이라고 단정 짓기엔 현대 상담과 심리학의 영역은 매우 넓고 심오하다. 상담이 필요 없다고 말하기 전에 적어도 상담을 제대로 공부한 후에 그런 말을 할 수 있으면 좋겠다.

또 한편으로는 이런 이야기도 듣는다.

> 상담은 심리학의 영역이고 심리학은 과학이어야 하기 때문에 영성이나 종교성이 가미되면 안 된다. 특히 기독교는 너무 배타적이다. 믿음만 있으면 다 치유되는 게 아니다. 그건 사람의 심리 구조를 몰라서 그런 말을 하는 거다.

이렇게 말하는 심리학자는 본인이 사람의 심리 구조를 잘 안다고 착각하는 듯하다. 인간의 심리 구조는 아무도 모른다. 지금의 심리학은 그저 가설일 뿐이다. 말 그대로 인간 심리는 눈에 보이는 게 아니기 때문에 심리 구조 역시 분명하게 알 수 있는 게 아니다.

그리고 인간 심리에는 분명히 영적 영역도 존재한다. 많은 심리학자의 실수가 그들의 심리 가설 속에 영적 영역을 포함하지 않는다는 것이다.

하나님과 함께하는 상담은 심리 치유의 근본적 능력은 하나님에게서 온다고 믿는다. 이것 역시 나의 가설이라고 할 수도 있지만, 이것은 적어도 나에게는 경험을 통해 검증된 결론이다. 인간에게 있어서 너무도 중요한 영적 영역을 무시한 채, 단지 일부 영역에만 한정된 심리 치료는 잠시 호전되는 듯하다가도 재발하거나 더 악화되는 결과를 가져온다. 이것은 일시적이면서 부분적 치료이지 전인적 치료가 아니다.

어느 한쪽에 치우치지 않으면서 두 가지를 상담 가운데 녹여낼 수 있다면 가장 이상적일 것이다. 한 사람을 이해하고 전인적으로 치유와 성장을 돕기 위해 신학과 심리학 둘 다 필요하다. 그것이 하나님과 함께하는 상담자가 지향해야 할 목표이고 방향성이다.

제2부

하나님과 함께하는 상담자

1. 고통에 함께하는 상담자
2. 상처받은 치유자
3. 나의 상처가 너를 더 아프게 할 때
4. 상담자의 자기 돌봄
5. 비신자와의 상담
6. 하나님 능력의 통로
7. 하나님에게 없는 것 한 가지

1.
고통에 함께하는 상담자

 상담은 고통(Pain)에서 시작된다. 우리의 마음속에 내가 어찌할 수 없는 고통이 있을 때, 그 고통을 조금이라도 덜고자 상담자를 찾게 된다. 결국, 우리는 아무도 상담받을 필요가 없는 그날을 고대하면서 지금 상담을 하고 있는 것이다.

 그리고 상담은 한 개인의 고통에서 시작되기 때문에 상담은 상담받는 사람, 즉 내담자에 의해 시작되고 내담자에 의해 끝난다. 즉, 내담자가 자기 내면의 고통을 혼자서 감당하기 힘들어 전문가의 도움을 받고자 상담자를 찾아옴으로써 상담은 시작되고, 상담 과정을 통해 치유하고 회복되어 더 이상 상담자의 도움 없이도 스스로 해결해 나갈 수 있다고 판단되면 상담은 종결이 된다.

 상담이 처음 시작될 때는 내담자의 아픈 내면의 고통을 어떻게 하면 내담자와 함께 잘 치유할 수 있을까 하는 부담으로 임하지만 상담이 진행될수록 상담은 내가 하는 게 아니라 하나님이 하는 것이라는 것을 느끼곤 한다.

그렇게 어느 정도 상담이 무르익어 갈 즈음에 어느 날 갑자기 내담자의 마음속에 놀라운 통찰이 생기고, 내담자 마음속을 짓누르고 있던 돌덩이가 스르르 녹아 버리거나 혹은 내담자에게 서서히 심리적 에너지가 차오르면서 이전에는 크게 보이던 문제들이 아무것도 아닌 것처럼 보이게 되기도 한다.

도대체 상담 과정에 무슨 일이 있었길래 내담자에게 이런 극적인 변화가 생길까 하는 의문도 품어보지만, 결과적으로 답은 동일하다. 하나님께서 내담자의 마음속에서 일하시는 것이다.

한편, 우리는 종종 하나님을 믿으며 주님이 주시는 평안과 기쁨 가운데 성령의 열매를 맺고 늘 감사하며 살아간다면, 우리 내면의 문제는 다 해결될 것이라는 말을 듣는다. 물론, 나 역시 그렇게 되기를 간절히 바란다.

그렇게만 된다면 얼마나 좋을까?

그렇다면 적어도 예수님을 믿는 사람들에게는 어떤 심리적 고통이나 관계에서의 아픔도 없을 것이다. 그런데 안타깝게도 현실은 그렇지 않다.

그럼, 현실은 왜 이 모양일까?

왜 믿음이 좋은 신자들도 부모로부터 받은 상처 때문에 가슴 아파하거나, 친구로부터 받은 왕따 경험으로 트라우마에 시달리거나, 알 수 없는 불안에 휩싸이거나, 자기자신을 가혹하게 비판하다 우울과 중독에 빠지는 등 비신자들과 다름없는 고통을 경험하게 되는 걸까?

예수님을 믿는 사람에게는 이런 일이 없어야 하는데, 왜 예수님을 믿는 사람이나 불신자나 똑같이 이런 마음의 고통이 있는 것일까?

문제는 '죄'다. 우리는 타락했고 죄인이다. 비록 예수님을 믿어 구원을 받지만 여전히 우리에게는 하나님의 형상과 함께 죄성이 공존한다. 죄는 우리로 하여금 처음 창조된 완전한 모습의 일부를 상실하게 했고 왜곡시켰다. 그래서 우리에게는 한계가 있다.

우리는 이웃과 자신을 완전하게 사랑하지 못하고, 하나님의 뜻을 온전하게 행하지 못한다. 우리의 죄성은 서로에게 상처를 주면서까지 우리의 이기적인 목적을 이루도록 우리를 이끈다. 우리의 탐욕은 주변 사람들을 아프게 하면서도, 남이 나에게 준 고통에만 집중하느라 내가 남에게 주는 고통은 깨닫지 못한다.

이렇게 죄인인 사람들이 모여 만든 사회와 문화 역시 죄로 타락했다. 이기적인 사회 체제 안에서 다른 사람을 억압하고 이용하기 위해 지배 세력을 만들게 되고, 그 지배 세력에 들어가기 위해 악한 꾀를 발동한다. 사회에서는 힘을 가진 자가 연약한 자를 괴롭히면서도 그것을 정당화하는 다양한 담론을 만들어 낸다. 그러다 보니 힘없는 자들은 더 많은 아픔과 고통을 경험하게 된다.

그래서 우리는 아프다. 가슴 속이 휑하고, 신체적인 증상도 생기고, 절망에 빠지고, 지탱할 에너지가 다 소진되었다. 예수님의 시선은 이렇게 고통받는 사람들을 향했다. 늘 그러셨다.

예수님은 "모든 병과 모든 약한 것"(마 4:23)을 고치셨고, "상한 갈대를 꺾지 아니하며 꺼져가는 심지를 끄지 아니하기를 심판하여 이길 때까지 하리니"(마 12:20)라고 하시며 무시당하고 천대받는 사람들을 변호하고 감싸 주셨다.

이처럼 예수님은 서기관이나 바리새인들과 같은 기득권자들에게는 철저히 냉정하게 쓴소리도 하셨지만, 고통 속에 있는 자들에게는 한없이 자애롭게 사랑을 베풀어 주셨다.

하나님과 함께하는 상담자는 이와 같은 예수님의 마음을 닮으려 애쓰는 상담자이다. 마음의 고통으로 눈물 흘리는 그 사람에게 예수님의 사랑을 전하려 애쓰는 사람이다. 그렇다고 해서 이러한 것이 특별한 것은 아니다. 옆에 있어 주는 것, 이야기를 들어주는 것, 손을 잡고 기도하는 것 그리고 함께 애통해하는 것이다. 거기에 주님도 함께하신다. 주님이 치유하신다.

2.
상처받은 치유자

상담자도 죄성과 한계를 지닌 인간이다. 당연히 실수하고 이기적인 결정도 하고 후회할 말과 행동을 하기도 한다. 상담자 역시 우울과 불안을 경험하고, 자녀 관계와 부부 관계에서 좌절하며, 낮은 자존감으로 고민할 수 있다. 이것은 상담자든 상담자가 아니든 누구나 마찬가지이다.

실제로 상담을 공부하러 상담대학원에 들어오는 학생 중 상당수는 다른 사람을 상담하기 위해서가 아닌 자신의 내적인 문제에 대한 이해와 해결을 바라면서 들어온다.

그렇게 자기의 아픔과 상처를 해결하고자 상담 공부를 시작하게 되고 공부하면서 조금씩 치유되고 성장하면서 어느 시점부터는 아픈 마음으로 고통받는 사람들을 향한 연민으로 그들을 돕고자 하는 마음이 생겨 상담자의 길을 가는 분들이 참 많이 있다. '상처받은 치유자들'의 모습이다.

그런데 이렇게 상담자의 길을 가는 분들의 발목을 잡는 것 중 하나가 바로 "부족하다"는 비판의 소리다. "너 자신의 모습을 한번 봐라", "내담자보다 뭐 하나 나은 게 없다", "너도 문제투성이인데 네가 무슨 자격으로 다른 사람을 상담하겠다는 거냐", "네 문제나 먼저 해결하고 그 후에나 상담해라" 등등 내면의 비판자 목소리가 수시로 들려 상담자를 위축시킨다.

이런 목소리를 듣게 될 때 여기에 저항하기가 쉽지 않다. 왜냐하면 그 말들이 다 맞는 것처럼 느껴지기 때문이다. 심지어는 주변의 지인들 특히 가족이나 연인을 통해 "무슨 상담자가 말을 그렇게 하냐", "네가 부부 사이에 이런 식으로 하면서 어떻게 부부 상담을 하냐", "먼저 인격부터 수양한 후에 상담을 해라", "엄마는 상담할 자격이 없어" 등의 소리를 직접적으로 듣게 되면 그야말로 멘탈은 초토화된다.

'맞아, 나 같은 게 무슨 상담이야 … '

한숨과 자책이 밀려오면서 주체하기 힘들게 무너져 버린다.

하지만 하나님과 함께 상담자의 길을 가는 사람들은 마음을 담대히 해야 한다. 이런 말은 이 길을 가는 동안 끊임없이 나의 내면과 외부에서 듣게 될 것이다. 마음의 준비와 훈련을 통해 그런 소리를 듣게 될 때 '올 것이 또 왔구나'라고 생각하고 배포 있게 넘길 수 있어야 한다.

"So what?, 그래서 뭐?"

내가 아무리 준비하고 훈련해도 상담자로서 흠 없고 완벽하게 준비될 수 있는 날은 오지 않을 것이다. 흠 없고 완벽한 분은 예수 그리스도 한 분이시기에.

따라서 그런 날만 기다리면서 상담을 미루고 있다면, 이 세상에는 상담할 수 있는 사람이 하나도 없을 것이다. 우리는 다 비슷비슷한 사람들이다. 누구나 해결하지 못하는 마음의 아픔이 있고 연약함이 있다.

그럼에도 우리가 상담하는 것은 내가 완벽해서가 아니라 부족한 나를 통해 일하시는 하나님을 바라기 때문이다. 그리고 하나님이 상담의 주인이라는 것을 굳게 믿기 때문에 나의 연약함이 상담을 포기할 이유가 될 수 없다.

내가 상담 실습생들에게 자주 하는 말이 있다. 상담을 '잘'하려고 하지 말라는 것이다. 아마도 우리는 '잘'하지 못할 것이다. 그리고 하나님은 우리가 '잘'하길 기대하지도 않으실 것이다. '잘'하는 건 하나님이 할 영역이다.

우리가 할 일은 상담을 '잘'하는 게 아니라 그냥 하는 것이다. 하나님이 일하실 수 있도록. 내가 '잘'하지 못한다는 핑계로 상담하지 않으면 나를 통해 하나님이 일하실 기회를 만들어 드릴 수 없으니 말이다.

우리는 하나님 안에서 치유되어 가고 다듬어지고 조금씩 성장하고 있는 과정 중에 있다. 그리고 그런 과정 중에 있는 또 다른 사람에게 기꺼이 친구 같은 동반자가 되어 주기를 바라는 마음으로 상담자의 길을 가고 있다.

나 자신에게는 거기까지만 기대하면 된다. 나머지는 하나님이 할 것이다. 그렇기 때문에 하나님과 함께하는 상담자에게 중요한 것은 실력과 지식뿐 아니라 어쩌면 그보다도 더 깊은 '하나님에 대한 믿음'이다.

초보 실습생이 이런 믿음을 갖기란 아주 어렵다. 하지만 용기를 내어 상담해 나가면서 '정말 하나님이 하시네?'라는 것을 실제로 경험하게 되면 이 믿음은 점점 자라나게 된다. 상담 과정은 상담자 개인에게는 하나님과 함께하는 거룩하고 은혜로운 시간이며 간증이 된다.

간혹 여기저기서 주워들은 것도 많고 이런저런 책도 많이 읽고 다양한 상담 기법 훈련도 많이 받아 자신감이 넘치는 상담 실습생들을 만나기도 한다. 하지만 이렇게 자신의 상담에 자신이 있는 상담자는 오히려 그의 상담 과정 속에 임하시는 하나님을 만나는 일이 거의 없다.

우리의 약한 그곳에서 하나님은 적극적으로 일한다. 상담 현장에서 나의 연약함을 통해 하나님을 경험하게 되고, 내담자의 마음속에서 놀라운 치유의 역사가 일어나는 것을 볼 수 있게 된다. 이것이 하나님과 함께하는 상담에서 누리는 은혜이다.

3.
나의 상처가 너를 더 아프게 할 때

 나의 연약함이 상담할 수 없는 이유는 될 수 없지만, 내 안에 치유하지 않은 상처나 해결되지 않은 과제가 있다면 그것은 내담자를 효과적으로 도와주는 데 방해가 될 수 있다.

 이것은 내담자에게 효과적인 상담을 제공해 주기 어려울 뿐만 아니라 어떤 경우에는 내담자에게 더 큰 상처를 입히게 되기도 하고 상담자 자신도 자기의 본질적인 문제를 해결하는 것을 등한시하거나 상담자로서의 비윤리적인 상황에 처할 우려가 있다.

 다음은 치유되지 않은 상담자의 문제가 어떻게 발현되며 내담자에게 어떤 영향을 끼치는지에 대한 몇 가지 예이다.

 어려서부터 무시당하고 존중받지 못했던 사람이 그 문제가 해결되지 않은 상태로 상담자가 되었을 때, 상담하면서 자기보다 더 힘들어하는 사람을 만나고 대화하는 과정에서 자기가 그렇게 심각하게 부족한 사람이 아니라는 일종의 만족감을 느끼기도 하고, 자기보다 더 힘든 사람을 기꺼이 도와줌으로써 스스로가 뭔가 대단한 사람이 된 듯한 느낌에 만족감을 느끼기도 한다.

이것은 본인의 해결되지 않은 존중의 욕구를 내담자를 통해 충족시키려는 무의식적인 시도인데, 결과적으로 자신의 문제 해결을 위해 내담자를 이용하는 셈이 되기 때문에 상담자 자신의 문제도 건강하게 치유하지 못할 뿐만 아니라 상담자로서도 비윤리적 행위라고 할 수 있다.

또한, 이렇게 타인의 인정과 존중에 목마른 사람은 그것이 무의식적 동기가 되어 내담자나 동료 상담자, 혹은 슈퍼바이저에게 인정을 받기 위해 상담을 이끌어 가기도 한다.

그러다 보니 내담자의 상황과 필요에 민감하게 반응하지 못하거나 뭔가 눈에 보이는 신속한 결과를 기대하고 내담자를 몰아세우기도 한다. 그러나 이러한 상담은 좋은 결과를 가져다줄 수 없을 뿐만 아니라 상담자 자신도 타인의 칭찬과 인정이 기대한 것보다 약한 것 같으면 과도하게 실망하고 상담의 동기를 잃어버리게 되기도 한다.

또 다른 예로는 어려서부터 부모에게 충분한 사랑을 받지 못하고 무시당하며, 오직 공부를 잘했을 때만 칭찬받았던 사람은 끊임없이 공부에 매달리며 좋은 성적을 받아야 한다는 강박적인 동기를 갖게 되기도 한다.

이런 사람이 상담을 공부하기 시작하면 끝없이 공부해야 한다는 신념 때문에 다양한 상담 이론과 기법을 섭렵하고 석사와 박사까지 공부하고 온갖 자격증을 따는 데 시간과 에너지를 들이지만 정작 상담 장면에서도 내담자의 주 호소를 고려하기보다는 자신의 박식함을 보여줄 수 있는 어려운 심리 이론을 적용하고 현학적인 태도를 보이면서 스스로가 얼마나 똑똑한 사람인지를 증명하려 애쓴다. 이런 사람에게 내담자는 잘 보이지 않는다. 자신의 미해결 과제만이 크게 보일 뿐이다.

또 한 예로는 자존감이 낮고 열등감이 심한 사람이 상담자가 되었을 때, 내담자의 약간의 부정적인 피드백에도 지나치게 예민하게 반응하고 내담자가 개선되는 속도가 더딘 것 같으면 자기가 무능한 상담자여서 그런가 하고 의기소침해지곤 한다. 그래서 자꾸 상담을 피하려 하고 뭔가 쉬워 보이는 사례의 내담자만 맡으려고 하는 모습을 보이기도 한다.

어떤 이는 어린 시절 너무나도 힘이 없고 주변 사람들이 하라는 대로만 해야 했기 때문에 성인이 된 후에는 그 반동으로 모든 것을 통제해야만 안심되는 분이었다. 그러다 보니 모든 것을 자기 마음대로 하려고 하고 자기가 원하는 대로 되지 않으면 어떻게든 자기 뜻대로 하기 위해 조종적 방법을 쓰곤 했다. 조종적 방법이란 상대방에게 화를 내거나 비난하거나 울거나 아프거나 잠수를 타는 등의 행동을 해서 결국은 자기가 원하는 대로 하게 만드는 방법을 말한다.

이런 사람이 상담자가 되었을 경우, 상담 역시 자기가 원하는 대로 해야 마음이 편하다. 그래서 내담자가 원하지 않는데도 자기식을 고집하고 강요하고, 심지어는 슈퍼바이저의 지도도 따르지 않는다. 결과적으로 내담자만 더 큰 상처를 받고 상담을 그만두는 일도 있다.

이런 것들은 단지 몇 가지의 예일 뿐이다. 상담자 내면에 치유하지 못한 상처나 충족되지 못한 욕구가 있으면 상담자는 그것을 해결하고자 무의식적으로 움직이기 때문에 내담자를 위한 상담이 아니라 상담자를 위한 상담이 되고 만다. 이를 방지하기 위해 상담자는 다른 사람을 상담하기 이전에 먼저 자신을 상담해야 한다.

자신의 마음속 깊은 곳에 있는 아픔과 고통에 직면하고 그것을 따뜻하고 친절한 마음으로 보듬어 주며, 충분한 시간을 들여 자기 내면을 돌봐야 한다. 그리고 이 과정은 상담을 공부하는 중 가장 먼저 이루어져야 하는 필수 과정이다.

나는 미국에서 상담 공부를 할 때, 길다면 길고 짧다면 짧은 시간 동안 학교 부설 상담소에서 상담 실습을 해야 했었다. 매주 내담자를 만나 상담하는 동안에 실습생이 반드시 받아야 하는 두 가지 의무 사항이 있었다. 하나는 상담 케이스에 대한 슈퍼비전이었고, 다른 하나는 개인 상담을 받는 것이었다.

물론, 이 두 가지는 나의 개인 지갑을 털어서 비용을 부담해야 했으므로 유학생이었던 나에게는 매주 슈퍼비전과 개인 상담받는 것이 상당한 부담이 되었고, 이것은 실습 과정에 대한 불평으로 이어져 교수님을 찾아갔다.

"교수님, 저는 개인 상담받을 게 없는데 그래도 이걸 매주 받아야 하나요?"

그때 교수님은 단호하게 말씀하셨다.

"YES."

그리고 이렇게 덧붙이셨다.

"그건 너를 위한 것이 아니라 너의 내담자를 위한 것이야, 상담자인 네가 인지하지 못한 무의식적인 너의 문제로부터 내담자를 보호하기 위한 것이야."

지금은 그 말씀에 100퍼센트 동의한다. 내 안에 치유되지 못한 아픔이 남아 있으면 그것이 나와 내담자 사이를 가로막고, 내 눈을 가리고 귀를 가려 내담자를 제대로 만나지 못하게 하고, 나의 상담 실력을 저해하고, 심지어 내담자를 아프게 할 수도 있다는 것을 상담자는 반드시 기억해야 한다.

그러므로 상담에 대한 열정만 가지고 무턱대고 내담자에게로 뛰어가지 말라. 먼저 자기 내면을 돌아보라. 나부터 먼저 치유하고 그다음에 다른 사람의 치유를 도와주는 것이 맞는 순서이다.

4.
상담자의 자기 돌봄

 대부분의 상담은 다른 사람을 돕기 원하는 긍휼의 마음에서 시작한다. 상담자의 전문적 지식과 능력을 활용해서 심적 고통을 당하는 사람들에게 지금보다는 더 나은 삶을 살 수 있도록 도와주고자 하는 마음이 아마도 모든 상담자의 공통적인 시작일 것이다.

 하나님과 함께하는 상담자들은 이런 진실한 마음으로 상담에 임할 뿐 아니라, 상담을 하나님께서 자기에게 맡기신 사명으로 받아들인다. 그리고 많은 경우 상당히 헌신적으로 상담에 임한다.

 이것이 나의 일이 아닌 하나님의 일이라고 생각하면 소홀히 하기가 어려운 것은 어찌 보면 당연할 수도 있다. 그러다 보니 본인이 감당할 수 있는 것보다 더 많은 내담자를 만나고, 더 많은 시간을 상담에 쏟아붓고, 과도하게 많은 에너지를 상담에 사용한다.

그러나 문제는 이렇게 되면 금방 지쳐 버리는 것이다. '번아웃'이라는 말이 요즘 종종 사용되는데, 에너지가 바닥까지 소진되어 무기력해지고 무감각해지며 기계적으로 일하게 되고 결국에는 쓰러져 버린다.

상담이 하나님께서 맡기신 소명이라면, 하나님이 오랫동안 잘 쓰실 수 있도록 자기자신을 잘 돌보는 것 역시 상담자가 신경 써야 할 임무 중 하나이다. 그런데 한국 상담자들이 특히 이 부분에 약한 것 같다.

문화적으로 한국에서는 전체 집단을 위해 개인을 희생하는 것을 훌륭하게 평가해 왔다. 가정을 빛내기 위해 혹은 나라를 구하기 위해 개인의 행복과 안위를 과감히 포기하고 희생한 사람들은 큰 칭찬을 듣지만, 가정이나 나라의 뜻에 따르지 않고 자기만을 위해 어떠한 결정을 한 사람들에게는 이기적이라는 비난이 쉽게 따라붙는다.

이런 문화 속에서 살아온 대부분의 한국 사람은 아무리 힘들어도 가정을 위해, 나라를 위해 묵묵히 참고 인내하며 자기 한 몸을 희생해 왔다. 그러다 보니 자신을 돌보기 위해 휴식을 취하거나 부탁을 거절하는 것이 부정적으로 여겨질 수 있다. 상담자 역시 마찬가지이다.

이미 과부하에 걸렸음에도 불구하고 상담 요청하는 사람을 거절하지 못하는 것은, 거절하는 것 자체가 이기적인 결정인 것 같고, 특히나 이 일을 하나님이 맡기신 사역이라고 생각한다면 충성스럽지 못한 "악하고 게으른 종"이 된 것 같은 죄책감을 느끼기 때문일 것이다.

그러나 하나님과 함께하는 상담자는 꼭 기억해야 한다. 상담을 더 잘하기 위해 반드시 자신부터 돌봐야 한다는 것을. 상담자는 잘 먹고, 잘 자고, 필요할 때 여행도 하고, 취미 생활도 하고, 사랑도 하고 행복한 시간을 가져야 한다.

이렇게 자신을 돌보는 순간에, 죄책감을 느껴서는 안 된다. 놀고, 먹고, 여유를 가짐으로써 나를 돌보는 것은 내담자를 더 잘 도와주기 위한 또 하나의 방법이며, 하나님이 맡기신 상담 사역을 오랫동안 잘하기 위한 또 하나의 사역이다.

내가 상담을 배우는 학생들에게 자주 강조하는 것이 있다.

"Self-care comes first!"

'자기 돌봄'이 가장 중요하다는 뜻이다. 따라서 자기 돌봄이 타인을 돌보는 것보다 우선되어야 한다. 내가 살아 있고, 건강하게 기능할 때에만 다른 사람을 도와줄 수 있다.

그러므로 나의 최상의 상태를 유지하기 위해 적절한 선에서 거절할 줄 알아야 하고, 타인의 필요뿐 아니라 나의 필요 또한 적절하게 공급해 주어야 한다. 이것이 자기 돌봄이다. 하나님과 함께하는 상담에서 자기 돌봄은 타인 돌봄을 위한 필요 조건이다.

예수님께서 말씀하신 열 처녀의 비유가 있다. 물론 이 비유는 주님의 재림을 준비하며 항상 깨어 있으라는 의미의 말씀이지만, 한 가지 재미있는 면에 주목해 보자.

기름을 충분히 준비한 다섯 처녀에게 기름을 조금밖에 준비하지 않은 처녀들이 기름을 좀 나눠 달라고 부탁한다. 이런 경우 거절하기가 어려운 사람들은 '안 되는데, 나도 필요한데 …'라고 생각하면서도 어쩔 수 없이 나눠주었을 것이다. 그런데 예수님의 비유에서 지혜로운 다섯 처녀는 부드럽지만 단호하게 그 부탁을 거절한다.

"너희에게 나눠주고 싶지만, 그럼 우리 모두가 부족하게 될 테니 차라리 마을에 가서 더 사 오는 것이 어때?"

이렇게 지혜로운 제안을 하면서 자기의 기름을 지켜낸다. 그리고 예수님은 그 다섯 처녀를 칭찬하신다.

선한 사마리아인 역시 강도 만난 사람을 기꺼이 도와주었지만 그렇다고 자기의 재산을 다 써버린 것도 아니고, 자기가 가던 길을 포기한 것도 아니었다. 가지고 있는 돈의 일부를 여관 주인에게 맡기고 자신이 가던 여행길을 그대로 다녀왔다.

자기가 할 수 있는 만큼만 도와준 것이다.

누군가 나의 도움을 필요로 한다고 해서 무조건 다 퍼주는 것이 좋은 것이 아니다. 자기를 위해 반드시 남겨 두어야 하는 몫이 있다. 어디까지 퍼 주고 어디부터는 멈춰야 할지 그 경계를 분명히 해야 한다. 하나님과 함께하는 상담자에게도 이것은 마찬가지이다.

5. 비신자와의 상담

하나님과 함께하는 상담자라고 해서 꼭 기독교인만을 상담하는 것은 아니다. 많은 비신자(Non-Christian)가 기독교 상담자를 찾곤 한다. 기독교 상담자를 찾는 비신자들은 종종 기독교 상담자들이 더 진실하고 믿을만 하다는 긍정적인 편견을 갖곤 한다.

그리고 이런 편견은 비신자들에게 이 기독교 상담을 받을 수 있도록 문을 열어주는 기회로 사용되곤 한다. 물론 나는 이것이 편견이 아니라 사실이기를 바란다.

그러나 비기독교인을 상담할 때 기독교 상담자는 두 가지 마음의 긴장 속에서 당혹감을 느낄 수 있다.

하나는 '상담 심리학'에서 배운 대로 내담자에게 상담자의 신념이나 가치관을 주입하거나 강요해서는 안 된다는 윤리 강령이고, 또 다른 하나는 믿지 않는 내담자를 만나면서 가장 중요한 것은 그에게 복음을 전해야 한다는 신념이다. 이 둘 사이에서 어떻게 하는 것이 최선일지 많이 고민하고 기도하게 된다.

신자나 비신자나 그 사람 마음의 치유는 바로 성령의 능력으로 이루어진다. 그렇기 때문에 내담자의 진정한 치유를 위해 그가 하나님을 만나고, 성령의 충만함을 받는 것은 필수적이다. 그러므로 상담자의 장기 목표는 내담자에게 복음을 전하고 그가 하나님을 만나도록 하는 것이다. 이것이 빠져서는 궁극적인 치유와 회복은 불가능하기 때문이다.

하지만 그렇다고 해서 상담 시간에 "네가 예수를 믿어야만 이 문제를 해결 받을 수 있다"라고 단정한다면, 비록 그 말이 맞는 말인데도 내담자의 마음속에 거부감을 불러일으킬 수 있다. 이렇게 되면 내담자는 마음을 닫아 버리게 되고, 최악의 경우 더 이상의 상담을 거부하여 복음을 전할 기회조차 잃게 될 수도 있다.

결국, 열정은 좋았으나 지혜가 없어 내담자를 실망하게 하고 상담자로서는 자책감과 실패 의식을 갖게 될 뿐 아무런 유익 없는 결과가 된다.

내담자가 신자이든 비신자이든 상담자의 목적은 그 내담자가 현재 호소하는 마음의 아픔과 문제를 해결하도록 돕는 것이다. 그렇기 때문에 복음을 전해야 한다는 거룩한 부담은 마음에 가지고 있되, 그것을 상담 목표로 전면에 등장시키는 것은 지혜로운 것이 아닐 수 있다.

하나님과 함께하는 상담자는 하나님을 모르는 내담자를 만났을 때, 그 사람과의 만남을 하나님께서 인도하셨음을 굳게 믿고 서두르지 말아야 한다. 이 내담자를 위해 상담자가 먼저 해야 할 일은 상담자 자신을 통해 내담자가 하나님의 사랑을 조금이라도 경험할 수 있게 하는 것이다.

그래서 상담자는 하나님이 바라보는 눈으로 내담자를 보고, 하나님의 애통해하는 마음으로 그의 아픔에 공감한다. 그리고 상담 기법을 통해 마음의 문제를 해결할 방법을 찾고, 내담자의 유익과 행복을 위해 최선을 다해 노력한다. 이런 과정을 통해 내담자는 상담자를 신뢰하게 되고, 상담자의 진심을 알게 된다. 이와 같은 상담자와 내담자 사이의 진실한 신뢰 관계는 모든 상담에서 공통적으로 중요한 기본 요소이다.

이러한 과정과 시간을 통해 기본적인 신뢰 관계가 형성되면, 내담자는 상담자가 무엇을 하든 그것이 바로 자신의 유익을 위한 것이라는 것을 믿는다.

그리고 상담자가 기독교인이라는 것을 알기 때문에 영적인 의미에 대해서도 조금씩 대화를 시도한다. 기회가 될 때, 상담을 마치면서 상담자가 용기를 내어 물어 볼 수 있다.

"제가 당신을 위해 한번 기도해도 괜찮을까요?"

이때, 상담자를 신뢰하는 대부분의 비신자 내담자는 거부감이 아닌 감사의 마음으로 기도에 동참한다. 이렇게 신뢰가 형성되고 치유가 진행되어 가면서 조금씩 내담자의 마음도 하나님을 향해 열리게 되고 복음을 들을 수 있는 마음의 준비가 되어 간다. 이 모든 것이 시간이 걸리는 과정이고, 그 중심에는 하나님의 사랑을 부분적이나마 체험하도록 도와주는 상담자가 있다.

열왕기하에 등장하는 나아만 장군은 나병을 치료받고자 엘리사를 찾아가고, 썩 내키지는 않았지만, 엘리사가 시키는 대로 했다. 그리고 기적처럼 나병이 깨끗해지자, 그때에야 비로소 하나님을 인정하고 온 가족이 하나님을 믿게 된다.

비신자인 내담자 역시 자기 마음의 아픔과 문제를 해결 받고자 하는 목적으로 상담자를 찾게 된다. 그리고 상담자를 믿고 상담자와 자신의 문제를 해결해 나가기 위한 동맹관계를 맺으면서 상담자의 방법을 통해 함께 자기 마음을 치유하는 작업을 해 나가게 된다.

그 과정에서 비신자라 하더라도 조금씩 자기 마음을 만지시고 치유하시는 하나님을 느끼게 된다. 치유가 진행될수록 그의 마음 역시 하나님께 열리게 되고 상담자를 통해 하나님께 나아가게 된다.

실제로 비신자와 상담하면서 복음을 전한 경우가 종종 있다. 아니, 복음을 전하지 않은 경우는 거의 없다. 어떤 경우에는 비신자 내담자가 먼저 "선생님, 저를 위해 기도 좀 해 주세요"라고 부탁을 하기도 한다. 물론 상담 초기부터 전도를 한 건 아니다. 직접적인 복음의 이야기는 상담이 거의 종결에 가까웠을 때 조심스럽게 시작한다.

사영리를 전하든 상담자의 개인적인 간증을 하든 방법은 다양하지만, 목표는 복음을 전하고 내담자가 하나님을 믿도록 안내하는 것이다. 상담을 통한 치유가 진행됨에 따라 복음에 대한 마음도 조금씩 열리면서 내담자는 자기가 신뢰하는 상담자가 전해 주는 하나님을 마음으로 받아들이곤 한다.

결과적으로 보면 상담은 곧 전도이고 선교이다. 비신자를 상담할 때 궁극적으로는 그 내담자를 하나님께 인도하여 성령의 능력으로 새롭게 되도록 이끄는 것이 상담자의 목표가 된다. 물론, 이 목표는 처음부터 내담자와 상의하고 공유하는 목표는 아니다. 상담자가 마음속으로 하나님과 공유하는 비밀스러운 목표이다. 하지만 궁극적이고 가장 중요한 목표이기도 하다.

하나님과 함께하는 상담은, 하나님과 상관없이 살면서 마음이 갈기갈기 찢긴 상태로 찾아온 내담자가 하나님을 만나고,

새로운 피조물로 다시 태어나 주님 안에서 평안과 소망을 품게 인도한다.

하지만 이 모든 것은 내담자의 수준과 속도에 맞게 진행되어야 하고, 내담자를 존중하고 인격적으로 이루어져야 한다. 하나님과 함께하는 상담자는 내담자를 하나님께로 안내하는 통로이다.

하나님 능력의 통로

상담은 강의실에서 여러 가지 상담 이론을 많이 듣고 밤을 새워 상담 서적을 읽었다고 해서 배울 수 있는 것이 아니다. 강의를 듣고 책을 읽는 상담 이론 공부는 기초 작업일 뿐이다. 나는 상담은 오직 직접 상담해 봄으로써 온전히 배울 수 있다고 굳게 믿는다. 상담 이론에 대해 줄줄 말할 수 있는 사람도 상담 실습의 경험이 없으면 실제 상담 장면에서는 맥을 못 춘다.

그래서 내가 가르치는 학교에서는 제대로 상담을 배울 수 있도록 1년 반이라는 긴 시간 동안 학생들이 직접 상담하게 한다. 그러다 보니 새 학기가 시작되면 학교에서는 처음 상담 실습을 하는 학생들의 설렘과 불안으로 분위기가 경직되곤 한다.

"과연 내가 잘할 수 있을까?"

하나같이 이런 고민을 가지고 첫 수업 시간에 들어온다. 이 병아리 실습생들의 상기된 표정을 보면 내가 첫 실습생이었을 때가 기억나서 나도 모르게 미소 짓게 된다.

미국에 유학 온 첫 학기에 교수님은 나에게 한 내담자를 배정하시며 바로 실습을 시작하게 하셨다. 아직 문화도, 영어도 낯선 나에게 미국인과의 상담은 너무도 벅찬 도전이었다. 나는 성격상 해야 하는 일에 대해 어지간하면 그냥 밀어붙인다. 그런데 그런 내가 도무지 안 되겠다고 판단했을 땐, 이건 진짜 할 수 없는 것이다.

나는 첫 학기에 주어진 미국인과의 상담 실습을 도무지 못할 것으로 판단했다. 그래서 교수님께 용기를 내어 사정했다.

"교수님, 저는 이제 막 한국에서 와서 모든 것이 낯설고, 아직 이 학교에서 상담을 배운 것이 없으니 한 학기만이라도 공부를 먼저 하고 그다음에 실습을 할 수 있게 해 주세요."

그때 교수님은 온화한 미소를 지으면서도 아주 단호한 목소리로 말씀하셨다.

"You can learn by doing!"(직접 하면서 배울 수도 있다!)

그래서 나는 바로 첫 학기부터 미국인 내담자와 첫 상담을 할 수밖에 없었다. 당시 내가 얼마나 얼어붙고 긴장했는지 머릿속이 하얘지고 말문은 막히고 그저 땀만 뻘뻘 흘렸던 그때가 아스라히 기억이 난다.

"내가 잘할 수 있을까?"

이런 고민을 가지고 첫 실습수업에 들어오는 실습생들에게 나는 이렇게 말한다.

> 여러분!
> 상담을 잘하려고 하지 마세요. 아무도 여러분이 상담을 잘하길 기대하지 않습니다. 저 역시 여러분이 잘할 거라고 생각하지 않고요. 하나님도 그걸 기대하지 않을 거예요. 그러니 여러분도 자신에게 상담 잘하길 기대하지 마세요.
> 여러분이 상담을 너무 잘하면 하나님이 할 일이 없잖아요. 여러분은 아마도 상담을 잘 못할 것입니다. 그리고 그것은 이상한 것이 아닌 자연스러운 것입니다.
> 여러분은 상담을 잘하려고 하지 말고 그냥 하세요. 여러분이 그냥 상담을 하면 하나님께서 여러분을 사용하실 것입니다. 그렇기 때문에 상담 전에 그리고 상담이 진행되는 동안 여러분들이 꼭 해야 하는 것은 기도입니다.

나는 처음 상담을 시작하는 실습생들이 가장 먼저 배우는 것이 자기의 이론과 기법을 화려하게 동원해서 내담자를 고쳐 주려는 시도가 아니라, 겸손하게 자신을 하나님이 쓰기 좋은 상담의 도구로 내어드릴 수 있는 용기와 믿음이기를 바란다.

그것이 하나님과 함께하는 상담자로서의 첫 단추를 잘 끼우는 것이며, 그것이 제대로 된 시작이다.

하나님이 사랑하는 내담자들, 그들에게 다가가 그들과 함께 있어 주고 그들의 손을 잡아주는 상담 사역은 내가 무언가를 해 내려는 몸부림이 아니라 하나님의 치유와 위로의 능력이 나를 통해 흘러갈 수 있게 하는 주님의 통로가 되는 것이다.

내가 상담을 '잘'하려고 하면 내가 상담 현장에서의 주인이 되려 하는 것이다. 상담을 '잘'하려는 힘을 빼고, 겸손하게 하나님께 의지해 상담하려 할 때 내담자의 마음속에서 일하시는 하나님을 상담자도 함께 만날 수 있다.

처음부터 하나님과 함께하는 상담을 배우는 실습생들은 비록 학기 초에는 긴장하고 얼어붙은 상태로 상담을 시작하지만, 학기가 진행되는 동안 자기를 통해 일하시는 하나님을 실제 상담 과정을 통해 경험하고, 학기 말에는 하나님께 벅찬 마음으로 감사와 찬양을 드리곤 한다.

하나님과 함께하는 상담은 하나님이 하는 상담이다. 우리는 그저 하나님의 도구이고 통로일 뿐이다. 이것은 우리가 공부도 안 하고 노력도 안 하고 게으르게 앉아 있어도 된다는 말과는 다르다.

우리는 하나님께서 우리를 쓰시기 편하도록 우리가 갖출 수 있는 것들을 갖추는 데 최선을 다해야 한다. 공부도 많이 하고 자격증도 따고 학위도 받는다. 이런 것이 모두 하나님이 쓸 수 있는 재료가 될 수 있다. 하지만 이것이 상담의 능력이어서는 안 된다. 하나님과 함께하는 상담은 '하나님'이 모든 치유와 회복의 능력이 되어야 한다.

7.
하나님에게 없는 것 한 가지

하나님은 연약하고 아무런 능력 없는 우리를 사용하셔서 그분의 일을 이루신다. 특히, 상담 장면에서 우리를 통한 하나님의 역사하심이 바로 생생하게 이루어지는 것을 보게 되는 때가 종종 있다.

하나님과 함께하는 상담사는 상담보다 기도하는 데 더 많은 시간을 써야 한다. 일주일 동안 내담자를 생각하고, 내담자를 위해 중보기도를 쉬지 않아야 한다. 내담자의 상황과 아픔을 누구보다도 잘 알기 때문이다. 그렇게 기도하고 상담 시간에 내담자를 만나면 하나님은 상담사에게 할 말을 입에 넣어 주시기도 하고 상담사의 마음에 평안을 주시기도 한다.

그렇지만 무엇보다도 놀라운 것은, 상담사의 말 몇 마디에 내담자가 크게 감동하거나 무언가를 깨닫기도 하고, 일주일 사이에 내담자의 마음이 놀랍도록 평안해져서 고통이 경감되었다는 것을 발견하기도 한다. 그뿐만 아니라 내담자에게 그동안 없었던 자신감이 새롭게 차오르고, 이전과는 다르게 행동해 볼 수 있는 용기도 생긴다.

심지어는 내담자의 상황과 주변 사람들까지 극적으로 변화되어 상담 시간에 "할렐루야!"를 외치게 되는 경우도 많다.

이런 일을 경험하고 나면 상담사는 믿음의 고백이 절로 나온다.

"나는 아무것도 한 것이 없는데, 하나님께서 다 이루셨다."

그러면서 또 한 가지 궁금한 점이 생긴다.

이렇게 하나님께서 다 하실 수 있는데, 하나님은 왜 굳이 나를 부르셔서 이 일에 동참하게 하시는 걸까?

학교에서 학생들을 가르치면서 학생인 상담 실습생들에게도 이와 비슷한 일들이 종종 생기는 것을 본다. 그럴 때 내가 자주 하는 말이 바로 '하나님에게 없는 것 한 가지'이다. 하나님에게는 모든 것이 있는데, 딱 한 가지 하나님에게는 없고 우리에게는 있는 것이 있다. 그것 때문이다.

그것이 무엇일까?

그건 바로 몸이다. 이천 년 전 잠시 하나님도 우리처럼 몸을 가지셨던 적이 있었다. 그런데 그 짧은 생애 이후 주님은 이제 더 이상 몸을 가지고 우리와 함께하시지는 않으신다. 그렇지만 여전히 성령으로 우리와 함께하시면서 지금도 많은 일을 하고 계신다.

하지만 주님은 몸을 가지지 않으셨기 때문에 아파하는 그분의 자녀들 옆에 다가가서 따뜻하게 안아 주실 수 없다. 연민이 가득한 표정, 친절한 눈빛으로 자녀들을 바라보실 수도 없고 힘들어하는 자녀들의 손을 잡고 힘 있게 그들을 일으켜 세워 주실 수도 없다. 그들에게 꼭 필요한 말을 그들의 귀에 또렷하게 들려주실 수가 없다.

물론, 하나님은 다 하고 계시다. 다만 우둔한 우리가 그것을 느끼지 못한다는 데 있다. 그래서 주님은 몸을 가진 우리를 필요로 하신다. 하나님과 함께하는 상담사는 주님의 몸이 된다. 그래서 주님이 마음 아파하는 그 사람 옆에 함께 시간을 보내 줄 수 있고, 주님의 사랑을 말해 줄 수 있다. 그의 손을 따뜻하게 잡아줄 수 있고 그에게 따뜻하고 친절한 시선을 전해줄 수 있다. 그에게 필요한 말을 그의 귀에 들릴 때까지 반복적으로 말해 줄 수 있다. 그래서 주님에게는 우리가 필요하다.

치유와 회복의 능력은 주님에게 있다. 우리는 주님이 쓸 수 있도록 우리가 가진 것을 드리면 된다. 주님의 사랑 전달자가 되어 주면 된다. 그러면 모든 변화는 주님이 이루어 주신다. 이것이 하나님과 함께하는 상담자의 역할이다.

제3부

하나님과 함께하는 상담의 주제들

1. Love Yourself
2. 용서
3. 억울해서 용서할 수 없다고 하는 이에게
4. 인간관계가 힘든 이유
5. 사람들이 귀찮아 혼자 있고 싶어요
6. 사람들이 날 싫어할까 봐 늘 걱정이에요
7. 사랑할 수도 사랑을 받을 수도 없어 혼란스러워요
8. 애착과 하나님 관계
9. 치유;재양육, 재경험
10. 부모를 위한 애착 팁
11. 신정론

1.
Love Yourself

 2018년 방탄소년단이 〈Love Yourself〉라는 타이틀의 음반을 냈을 때 한국뿐 아니라 전 세계의 젊은이(그뿐만 아니라 사실은 남녀노소)는 이 말에 열광했었다. 어찌 보면 이 시대에 가장 절실해 보이는 말인 것 같기도 해서, 이 음반을 대하는 사람들은 〈Love Yourself〉에 대해 한 번쯤은 진지하게 생각해 보기도 했을 것이다.

 자신을 사랑한다는 것은 무엇일까?

 이것은 언뜻 생각하는 것보다 더 이해하기 어려운 개념일 수 있다. 이것은 단순히 "나는 내가 좋아", "난 멋져, 똑똑해, 예뻐, 누구에게도 기죽을 필요 없어", "나 정도면 충분해", "내가 최고야" 등의 말로 자기를 포장하는 것이 아니다. 덮어놓고 자기를 이상화하는 것은 오히려 자신을 거부하는 것이 될 수 있다.

또한, 다른 사람보다 나를 우위에 놓고 이기적으로 사는 것 역시 자신을 사랑하는 것과는 완전히 다른 이야기이다. 예수님은 '자신을 사랑하는 것처럼 다른 사람도 사랑하라'(Love your neighbor as yourself, 마 22:39)고 하셨으니 자신을 사랑하지 못하는 사람은 다른 사람 역시 제대로 사랑하기 어렵다. 안타깝게도 대부분의 사람은 어떻게 하는 것이 자기를 사랑하는 것인지 모르는 경우가 많다.

우선 자기를 사랑하기 위해 자기를 잘 알아야 한다. 자기가 누구인지 모르면 사랑할 수가 없다. 자기를 아는 만큼 사랑할 수 있다. 그런데 우리는 자기가 누구인지를 알려 하기보다는 다른 사람이 자기를 어떻게 생각하는지, 남의 눈에 비친 자기 모습은 어떤지에 지나치게 많은 관심을 갖는다. 그러느라 정작 자기자신에게는 관심을 가질 틈이 없다.

우리의 눈은 외부 세계를 보게 해 준다. 그렇기 때문에 눈을 뜨면 다른 사람이 보이고, 그 사람들을 통해 우리는 '그들이 보는 나'를 보면서 간접적으로 나에 대해 알아가곤 한다. 즉, 다른 사람이 나를 비춰주는 거울의 역할을 하는 것이다. 문제는 이 거울이 항상 맑고 투명하고 정직하지는 않다는 것이다. 깨지고 금이 가고 탁하고 더러운 거울이 의외로 상당히 많다.

죄로 인해 타락한 우리는 다른 사람을 비춰주는 거울이 될 때 종종 왜곡되고 오염된 이미지를 투영해 준다. 결과적으로 다른 사람을 통해 발견하는 나의 모습은 나의 진짜 모습이 아닐 수 있다. 아마도 아닐 것이다. 나의 본모습과는 매우 다른 모습을 다른 사람을 통해 보고 있을 것이다.

자기를 사랑하기 이전에 자기에 대해 잘 알고자 한다면, 이제 다른 사람을 통해 나를 보는 것을 멈추고, 대신 나 자신을 있는 그대로 볼 수 있어야 한다. 그러기 위해 외부로 향하는 눈을 잠시 감아볼 필요가 있다. 눈을 감는 순간, 외부의 모든 것이 차단되고 나의 시선은 오롯이 나의 내면을 향하게 된다.

그리고 이제서야 비로소 나는 나 자신, 즉 내 안에 있는 것들에 관심을 가지고 바라볼 수 있게 된다. 이러한 시선의 전환이 바로 나를 알고 사랑할 수 있는 첫걸음이다.

나의 내면을 가만히 바라보고 있으면 내 속에 있는 '나'의 모습들이 하나씩 하나씩 보이기 시작한다. 놀라운 것은 나는 단일체가 아니라는 사실이다. 내 안에는 나의 다양한 '부분'이 수도 없이 많이 존재하고 그 부분이 모여 하나의 '나'를 이루게 된다.

이 부분 중에는 내가 좋아하고 자랑스러워하는 부분도 있지만, 내가 인정하고 싶지 않은 어두운 부분도 많이 있다.

이것은 당연한 것이고 누구나 다 그렇다. 열등한 부분, 창피했던 기억, 내가 싫어하는 '그 짓'을 자꾸만 하라는 충동질 하는 나의 일부, 슬픔과 우울함에 잠겨 있는 나의 한 모습, 남을 욕하고 질투하고 '뒷담화'를 즐기는 부분, 내가 하고 싶은 대로 마구 행동하려는 부분, 난폭하고 사납게 행동하려는 부분 등 … 내 안에는 너무도 많은 다양한 부분이 있다.

그리고 나를 사랑하는 것은 내 안에 있는 나의 부분을, 내가 좋아하는 부분뿐 아니라 내가 외면하고 싶은 부분까지도, 모두 공감해 주고 수용하고 안아 주는 것이다. 그 부분에 감사하고, 그 부분을 돌보고, 아파하는 부분과 함께 아파하는 것이다. 이 과정이 쉽지는 않지만, 그렇게 나의 모든 부분을 끌어안을 수 있을 때 비로소 나를 사랑할 수 있게 된다.

2. 용서

 용서는 기독교의 중요한 덕목 중의 하나이다. 성경에는 용서하라는 말씀이 여러 군데 나온다. 예수님께서도 용서를 강조하셨고, 주기도문에서도 용서는 반복적으로 나온다. 크리스천 중에 용서가 하나님의 뜻이라는 것을 모르는 사람은 아마 없을 것이다.

 예수님의 십자가 보혈로 모든 죄를 용서받은 우리는 하나님께 받은 용서가 그만큼 크기 때문에 그 받은 용서의 은혜로 우리에게 잘못한 사람도 용서해야 한다.

 기독교 상담에서도 용서라는 주제가 종종 등장한다. 내담자들은 자기에게 잘못한 사람들을 용서해야 한다고 생각하고, 용서를 결단하고 그 용서를 실천하고자 애를 쓴다. 하지만 분명히 용서했다고 해도 막상 어떤 상황이 되면 마음속에 분노가 여전히 끓고 있고 그 사람을 미워하는 마음, 내가 당한 만큼 되갚아 주고 싶은 마음 등을 느끼곤 한다.

그러면 이렇게 용서하지 못하는 자기자신에 대해 실망하고 용서 못함을 회개하거나 죄책감을 느낀다. 역설적이게도 피해를 준 사람은 뉘우치지도 않고 죄책감도 느끼지 않는데, 피해를 입은 분이 오히려 용서하지 못함으로 인해 더 죄책감을 느끼게 되는 셈이다.

기독교 상담자는 이런 상황에 대해 인지하고 있어야 하고, 내담자에게 '용서'가 중요한 주제로 떠오를 때 내담자를 잘 도와줄 준비가 되어 있어야 한다. 먼저 용서에 대해 신학적, 심리학적으로 잘 알고 있어야 하고, 가장 적절한 시기에 내담자가 용서를 잘할 수 있게 도와야 한다.

용서란, 불공평하고 부당하고 억울한 일을 당한 사람이 그런 잘못을 행한 사람에게 그 책임을 묻지 않고, 그 피해와 손해를 본인이 그냥 감당하기로 정하는 것을 말한다. 그렇게 할 수 있는 이유는, 우리가 그보다 더 큰 용서를 주님께 받았기 때문이다.

용서의 뜻이 그렇기 때문에, 용서에 대한 조건을 제시하는 것은 엄격한 의미에서 용서라고 말하기 어렵다. 용서는 상대방(가해자)이 어떤 조건을 충족해야만 베풀어 주는 것이 아니라, 전적으로 본인(피해자)이 결정하는 것이고 무조건적이다.

그런데 한 가지 잘 구별해야 하는 것은, 용서는 과거에 벌어진 일에 대해 하는 것이지, 현재 진행 중인 일에 대해 하는 것이 아니다. 이미 끝난 일에 대해 피해자가 선택하는 것이 용서이다. 현재 진행 중인 일은 용서의 대상이 아니라 문제 해결의 대상이다. 현재 부당하고 불공평하고 억울한 일이 계속 진행되고 있다면 그것을 멈출 수 있도록 노력하고 도움을 구해야 하는 것이지 용서해야 하는 것이 아니다.

용서하기 위해 피해자는 자신에게 벌어졌던 일들, 자기가 억울하게 감수하게 된 피해와 손해 등을 먼저 분명하게 말할 수 있어야 한다. 용서는 과거의 그 일을 그냥 묻어 두고 잊어버리는 것이 아니다. 그것에 대해 생각하지 않는 게 아니다.

무슨 일이 있었는지, 자기가 어떤 피해를 입었는지 분명히 해야만 그것을 용서할 수 있게 된다. 그리고 이렇게 자기에게 일어난 과거의 힘든 상황을 다시 떠올리는 것 자체가 피해자에게는 매우 고통스러운 과정이 될 수 있다.

많은 경우, 용서를 결심한 피해자는 결심한 그 순간에 용서가 완성되리라 기대한다. 그래서 다시 적개심이나 분노, 억울함 등이 마음속에 여전히 있는 것을 느끼면 실망하고 죄책감을 느낀다. 하지만 용서에 대해 분명히 알아야 하는 것이 있다. 용서는 시간이 걸리는 작업이다.

어렸을 때 우스개 노래로 "노래 시작했다. 노래 끝났다" 하는 노래가 있었는데, 그것처럼 '용서 시작했다. 용서 끝났다' 이렇게 될 수 있는 것이 아니다. 용서를 시작한 후 용서가 완성될 때까지는 오랜 시간이 필요하다. 그렇기 때문에 용서를 결심한 후 바로 용서가 완결되지 않아도 괜찮다. 용서하기로 결단했으면 그것으로 이미 용서는 시작이 된 것이다. 그것만으로도 칭찬받을 만하고 의미 있는 일이다.

그럼, 용서의 완성은 언제 이루어질까?

내담자가 용서를 시작한 후에 상담자와 내담자가 함께 집중해야 하는 것은 과거 그 일로 인한 내담자 마음의 상처를 치유하는 작업이다. 마음을 치유하는 데 걸리는 시간은 상처의 경중에 따라 다양하다. 하지만 마음의 아픔이 치유되고 상처가 아물면, 그때 서서히 용서할 힘이 차오른다.

즉, 용서의 완성은 본인이 이를 악물고 노력해서 이루어지는 것이 아니라 마음의 치유가 진행됨에 따라 이루어진다. 용서는 나의 노력으로 '하는' 것이 아니라, 마음의 치유가 이루어지면 은혜로 '되는' 것이다.

지혜롭고 성숙한 기독교 상담자는 내담자에게 성급하게 용서하라고 강요하는 것이 아니라 용서를 격려하되 시간이 걸리는 작업임을 알려주고, 내담자 마음의 아픔이 치유되는 과정을 잘 살피면서 적절한 타이밍에 용서를 완성할 수 있도록 도와줄 수 있는 상담자이다.

억울해서 용서할 수 없다고 하는 이에게

　죄로 인해 타락한 사회에서 죄인들과 함께 얽혀 살아가는 우리 모두는 의도하든 의도하지 않았든 서로에게 상처를 주고받으며 살고 있다. 이것은 비단 현대에 와서 더 심해진 것은 아니다. 인류 사회에 죄가 들어온 그때부터 우리는 살아가면서 끊임없이 상처받고 상처주면서 인생을 이어간다. 한 세대에서 해결되지 않은 아픔과 상처는 대를 이어 전수되기도 한다. 상처와 그로 인한 고통은 인생에서 피할 수 없는 실존이다.

　이렇게 크고 작은 많은 상처를 입으며 살아가지만, 그중에서도 "이것만은 용서할 수 없어"라고 다짐하게 되는 결정적인 상처들도 있다. 나를 돌보고 사랑해 주고 내 편이었기를 기대했던 사람이 나를 아프게 했을 때, 그 상처는 오랫동안 마음속에 머물며 고통을 준다. 그것이 부모일 수도 있고, 형제자매, 배우자, 자녀, 친구, 혹은 목사님이나 선생님일 수도 있다.

또한, 내 인생에 크나큰 타격을 준 상처도 잊을 수 없다. 법적 소송으로 인해 내가 쌓아온 모든 것을 잃게 만든 사람이나 사건, 나의 가장 소중한 것을 상실하게 만든 사고나 사람, 보증이나 배신으로 나에게 경제적인 타격을 안겨 준 사람 등이 그 예이다.

이렇게 결정적인 상처를 당한 경우, 그 억울함은 차마 말로 할 수 없다. 내가 그런 상처받을 만한 무언가 잘못한 것도 아니고, 그 사람들은 나에게 그렇게 해서는 안 되었었다. 나는 무고하게 당했고 그 피해는 이루 말할 수 없이 컸다. 아직도 그 피해에서 벗어나지 못했을 수도 있다. 그리고 나는 그 사람을 결코 용서할 수가 없다.

그래서 내가 택한 삶의 방법은 무엇인가?

이를 악물고 노력해서 보란 듯이 그들을 이기고 싶다. 복수하고 싶다. 그 사람들도 내가 당한 아픔과 고통을 그대로 당하는 것을 보고 싶다. 그럴 방법이 있다면 무엇이든 하려고 한다. 미워하고 차갑게 대하고 저주하고 증오한다. 그 사람들이 잘못 되기만을 바란다.

그런데 이렇게 용서하지 못하는 마음을 품고 살아가는 것은 나의 삶을 지옥으로 만드는 셈이다. 그 사람들이 나에게 한번 (또는 반복적이고 지속적이었다 하더라도) 피해를 준 것을 내가 끊임없이 곱씹으면서 나 자신을 계속해서 그들이 준 아픔 속으로 밀어 넣는 것이다. 이미 끝난 일이 내 마음속에서는 무한 반복 재생되고 있다.

또한, 내 삶의 남은 부분을 오직 그 사람을 생각하고 미워하고 복수하는 데 다 써버리는 것은 내 삶을 그 사람에게 통째로 줘 버리는 거나 마찬가지이다. 나의 소중한 시간과 에너지를 더 의미있고 긍정적이며 보람 있는 일에 쓸 수도 있는데, 마치 하수구로 빨려 들어가는 물처럼 그 사람에게 쏟아붓고 있는 것이다. 내 삶의 주인이 그 사람이 되는 것이다. 이 일을 멈추고 내 삶을 더 의미 있고 더 소중한 사람들을 위해 사용할 수도 있을 텐데 말이다.

우리가 착각하고 있는 것이 있다. 나에게 아픔을 준 사람에게 똑같이 되갚아 주면, 복수에 성공하면, 우리의 마음이 속 시원하고 내 마음의 상처가 다 녹아내릴 것처럼 치유될 것이라는 생각이다. 불행하게도 이것은 사실이 아니라 내가 만들어 낸 망상이고 환상일 뿐이다. 실제로 그 사람에게 똑같은 고통을 안겨준다면, 그때 내가 느끼는 것은 만족감과 희열이 아닌 씁쓸함과 허탈감이다.

이게 뭐라고 이제까지 이것만을 바라보면서 내 인생을 허비했을까 하는 자괴감이다. 그리고 어이없게도 내 마음의 상처는 여전히 그대로 있다. 우리는 복수로 다른 사람에게 아픔을 줌으로써 기쁨을 얻는 그런 존재가 아니기 때문이다. 우리는 하나님의 형상이다. 그런 악한 마음을 가진 존재가 아니다.

분명히 알아야 하는 것이 있다. 내가 상처를 입은 것은 다른 사람에 의한 것이지만 내가 입은 상처는 이제 내 것이다. 그리고 그 상처를 치유하는 것 역시 내가 감당할 몫이 된다. 물론 상처를 준 상대방의 진심 어린 사과로 상처가 치유되고 아물기도 하지만 그렇지 않은 경우도 있다.

내가 스스로 상처를 감당해야 할 경우, 우리는 복수를 해서 내 마음의 상처를 치유하겠다는 신기루 같은 환상을 버리고, 나에게 상처를 준 그 사람이 더 이상 내 마음을 지배하지 않도록 내 마음에서 내쫓아 버려야 한다.

그 사람을 바라보며 상처로 얼룩진 삶을 사는 것이 아니라, 내 마음속의 상처를 돌보는 일을 시작해야 한다. 이건 내 일이다. 그 사람의 일이 아니다.

분명 억울하긴 하다. 하지만 방향을 잘 잡아야 한다. 그 사람에 대한 복수가 아니라 내 마음을 돌보는 것이 내가 달려가야 할 방향이다. 그리고 그 사람이 나의 내적 에너지를 다 뽑아가지 못하도록 그 사람을 나의 마음 밖으로 내보내야 한다.

물론, 나 스스로 상처를 돌보고 치유하는 과정이 쉽지는 않다. 그렇기 때문에 하나님께 의지하여 이 여정을 걸어 나가야 한다. 신실한 기독교 상담자도 든든한 동반자가 되어 줄 수 있다.

이렇게 내 안의 상처를 보듬고 나아가는 과정에서 치유가 일어남에 따라 서서히 나는 그 사람을 용서하게 된다. 용서는 내 마음의 치유가 이루어지고 있다는 증거가 된다. 용서는 하려고 몸부림쳐서 하는 것이 아니다. 내가 주님과 함께 내 마음을 잘 돌보았을 때 선물처럼 나에게 찾아오는 '은혜'이다.

인간관계가 힘든 이유

상담받으러 오는 분의 대다수는 인간관계의 갈등과 문제 때문에 상담사를 찾곤 한다. 한 번 만나고 말 사람들과의 관계는 큰 문제가 되지 않는다. 하지만 부부 관계, 부모와의 관계, 자녀와의 관계, 연인 관계, 친구 관계, 고부 관계, 교회 성도들과의 관계 등 자신에게 중요한 의미를 갖는 관계에서 겪는 갈등은 과도한 짐이 되어 그 사람을 짓누른다.

"저는 왜 이렇게 인간관계가 힘들까요?"

이런 호소를 하며 상담소를 찾는 분들은 그들의 인간관계에서 반복되는 패턴에 지칠 대로 지치고 마음의 상처로 만신창이가 된 상태로 상담사를 찾는다.

이렇게 인간관계에서 어려움을 겪는 분들과 상담할 때에는 먼저 그분의 어린 시절 부모와의 관계나 양육 환경에 대한 이야기부터 시작한다. 왜냐하면, 성인의 인간관계 방식은 대체로 어린 시절 부모와 갖는 생애 최초의 인간관계 경험에 크게 좌

우되기 때문이다.

다시 말하면, 어린 시절 부모와 맺은 최초의 인간관계 경험이 굳어져서 그 사람의 일반적인 인간관계 방식이 되기 쉽다. 그렇기 때문에 부모와의 관계는 한 사람의 평생을 지배할 만큼 엄청난 영향력을 가지게 되는데, 심리학에서는 이것을 '애착'(bonding)이라는 용어로 설명한다.

부모와 애착을 형성하는 결정적인 시기는 생후 만 3년까지의 시간으로, 이때 가졌던 부모와의 관계는 사실 거의 기억에 남아 있지 않다. 보통 사람들이 기억하는 가장 어린 시절은 아마도 6-7세 이후의 일들일 것이다. 그래서 애착 형성 시기에 부모와 어떤 관계를 맺었는지는 본인이 기억하는 것이 아니라 부모나 친척들로부터 들었거나 혹은 6-7세 이후의 부모-자녀 관계를 토대로 유추해 볼 수 있는 정도이다. 즉, 정확하지 않다는 것이다.

그래서 매우 불안정한 애착 유형을 가진 사람도 이렇게 말하는 경우가 종종 있다.

"이상해요. 저희 부모님은 늘 따뜻하고 사랑이 많으셨고 저는 화목한 가정에서 별문제 없이 자랐는데요?"

이것은 그분의 7세 이후의 경험이었거나 혹은 그랬기를 바라는 희망 사항인 경우가 많다(우리의 기억 체계는 가변적이고 부정확하기 때문에, 우리는 종종 간절히 희망하는 것을 실제로 일어났던 일이라고 기억하게 되는 현상이 자주 벌어진다).

아주 단순하게 말하면 생후 3년 동안 부모가(혹은 아기를 키우는 양육자가) 아기에게 늘 따뜻하게 웃어주고 아기의 필요(주로 먹고 자는 것, 혹은 위생 처리나 편안한 정서적 필요)를 즉각적으로 해결해 주고 자주 안아 주고 쓰다듬어 주면서 키웠다면 그 아기는 부모와 안정적인 애착을 형성하게 된다.

반대로, 부모가 자기 기분에 따라 어떤 때는 잘 돌봐주고 어떤 때는 아기의 필요를 무시하거나, 아기에게 화나 짜증을 자주 내거나, 안아 주는 등의 신체 접촉이 부족했거나, 심지어 먹고 자는 기본적인 필요도 해결해 주지 않고 방임이나 학대했다면, 아기는 정도에 따라 불안정한 애착을 형성하게 된다. 이렇게 생후 3년 동안 부모의 양육 방식에 의해 형성된 애착 유형은 특별한 계기가 없는 한 그대로 굳어져서 그 아기의 인간관계 방식으로 고정된다.

한번 형성된 애착 유형은 특별한 노력이 없다면 평생 바뀌지 않고 남아있는 경우가 대부분이다. 안정적인 애착을 형성한 아이들은 인간관계가 원만하고 관계 속에서 편안함을 느낀다. 친구 사귀는 것이 어렵지 않고 관계 속에서 그다지 큰 상처도 받지 않으며, 늘 관계를 주도하고 좋은 관계를 유지한다. 대체로 전체 인구의 30퍼센트 정도가(통계에 따라 30-50퍼센트 정도의 차이가 있다) 이런 애착 유형을 안정형 애착이라고 한다. 반대로 불안정 애착의 아이들은 관계 속에서 늘 긴장하고 자신이 없고 사소한 일에도 예민하게 상처를 쉽게 받는다.

친구를 사귀거나 우정을 유지하기가 어렵고 실제로 좋은 관계를 잘 유지하지 못한다. 불안정 애착에는 그 특징에 따라 다시 세 가지의 유형이 있는데 거부-회피형, 불안-집착형, 혼란형이 있다.

인간관계가 어렵다는 호소를 하며 상담실을 찾는 분들에게는 먼저 어린 시절 부모와의 관계, 부모의 양육 방식에 대한 이야기를 충분히 듣고 현재 겪고 있는 인간관계 양상의 어려움이 원가정과 연결되는 것을 발견하도록 도와준다.

또 성인 애착 유형 검사를 실시해 봐서 그분의 애착 유형을 찾아보기도 한다. 일단 현재의 상태를 잘 파악해야 그 후의 상담과 개입의 방향을 정해볼 수 있기 때문이다.

대체로 인간관계 때문에 상담실을 찾는 분들은 불안정 애착 유형에 속한다. 안정 애착의 사람들은 인간관계에 자신감을 느끼고 있고 대체로 원만한 관계를 유지하기 때문이다. 그러므로 상담실에서 자주 만나게 되는 불안정 애착 유형의 특징들과 그분들을 돕는 방법에 대해 좀 더 집중해서 알아두면 상담 현장에서 도움이 될 수 있다.

5.
사람들이 귀찮아 혼자 있고 싶어요

 부모는 그냥 아기를 낳아주고 음식과 의복 등 필요한 것을 공급해 주기만 하면 되는 것이 아니다. 부모가 아이에게 주어야 하는 것은 신체적, 물리적 필요뿐 아니라 정서적 필요를 충분하게 채워 주는 것이다.

 그런데 아기의 생후 3년 동안 부모가 무슨 이유에서든 아기의 정서적 필요를 충분하게 채워 주지 못한 경우, 아기는 부모와의 관계에서 거부-회피형 불안정 애착을 형성하기 쉽다.

 어느 부모가 아이를 사랑하지 않겠느냐마는, 임신 중이나 출산 후에 엄마나 아빠가 우울증으로 힘들어하거나, 부부 갈등이 심하거나, 경제적 압박에 시달린다거나 등의 다양한 이유로 인해 아기의 정서적 필요를 채우는 것이 우선순위가 되지 못할 수 있다. 그리고 애착을 형성하는 3년은 너무도 빨리 지나가 버리기 때문에 부모가 어느 정도 안정을 찾은 이후에는 이미 늦은 경우가 많다.

비록 말도 못 하고 사리 분별이 잘 안되는 어린 아기이지만, 생후 3년 동안 아기는 부모가 나를 중요하게 생각하지 않는다는 것을 느낌으로 알게 된다. 아기의 입장에서는 부모에게 버림받은 느낌 그리고 이 세상 누구도 믿을 사람이 없다는 느낌, 세상이 안전하지 않다는 느낌, 부모에게 나는 사랑과 관심의 대상이 아니라는 느낌을 일관되게 받게 된다.

그리고 인간관계에서 서서히 물러나 자기만의 세계 속으로 들어가게 된다. 이런 불안정 애착 유형이 바로 거부-회피형이다.

거부-회피형 애착 유형의 아이는 인간관계에 큰 의미를 두지 않는 성인으로 자란다. 친구가 있거나 없거나 크게 신경 쓰지 않는다. 누군가가 자기를 좋아해도 별 감동이 없고, 심지어는 자기를 좋아하는 사람이 귀찮게 느껴지기도 한다.

인간관계는 피곤하다 생각되어 가능하면 인간관계를 맺지 않으려 한다. 소수의 사람과만 교제하고 혼자 남겨져도 외로움을 느끼기는커녕 오히려 자유롭고 편하다는 느낌을 갖는다. 대화를 즐기지도 않고 혼자 있기 좋아한다. 그리고 종종 인간 관계에서 조금이라도 불편함을 느끼면 아무렇지도 않게 관계를 단절해 버리기도 한다.

거부-회피형 애착 유형의 사람이 연애나 결혼을 하면 처음에만 조금 반응하다가 곧 연인이나 부부 관계에서도 철수한다. 즉, 데이트를 귀찮아하고 돈을 쓰는 데 인색하고 함께 무언가를 하는 것을 불편해한다. 집에서 말 한마디 안 하고 주로 TV나 핸드폰만 보거나 혼자 방 안에 틀어박혀 자신만의 시간을 가지려 한다. 그러다 보니 상대편 애인이나 배우자는 이 사람이 자기를 사랑하지 않는 것처럼 느끼고 대화를 할 수가 없다는 절망감에 사로잡힌다.

그러나 거부-회피형 애착 유형의 사람에 대해 알아야 할 사실은 이 사람이 실제로 인간관계 자체를 싫어하는 것이 아니라는 사실이다. 친밀한 인간관계 속에서 자신의 마음을 열고 약점까지 다 보여주고 의지하는 마음이 생기게 되면, 상대방이 자신을 거부하고 버릴지도 모른다는 무의식적인 두려움 때문에 쉽게 인간관계에서 마음을 열지 못 하는 것이다.

기억도 나지 않는 만 3세까지의 아기 적 시절에 그의 부모가 그랬던 것처럼 다른 사람도 그럴지도 모른다는 두려움이 그로 하여금 상처받고 버림받을 바에야 차라리 관계를 만들지 말자는 나름의 인생철학을 만든 것이다.

거부-회피형 애착 유형은 자기 긍정, 타인 부정의 개념을 가지고 있다. 자기 긍정이란, 자신에 대해 좋은 이미지와 자신감을 느끼고 있다는 뜻이다. 타인 부정이란 관계 속에서 다른 사람의 신실함을 믿지 못한다는 뜻이다. 즉, 거부-회피형 애착 유형의 사람이 자기 긍정, 타인 부정이라는 뜻은, 자기 혼자서도 얼마든지 이 세상을 잘 살아갈 수 있다고 느끼고, 동시에 다른 사람은 믿을만 하지 않으니 친밀한 관계는 아예 만들지 않는 것이 좋다고 믿고 있는 것이다.

하지만 이런 유형의 사람은 부부 관계뿐 아니라 다양한 가까운 관계에서 친밀감을 주고받지 못해서 메마른 관계를 유지하고, 결과적으로 상대방에게 행복을 주지 못하고 본인도 힘들어하게 된다. 그러므로 거부-회피형 애착 유형의 사람은 자기 긍정에 타인 긍정까지 더할 수 있도록 노력할 필요가 있다.

즉, "(비록 나의 부모는 그렇지 않았지만)내 앞의 이 사람은 나를 사랑하고 나를 버리지 않을 만큼 신실한 사람이다"라고 스스로 끊임없이 되뇌이고, 약간 불편감을 느낄 정도로 의식적으로 다른 사람에게 다가가고 자신의 마음을 더 열어 보려고 노력을 한다면 타인 긍정으로 발전할 수 있다.

애착 유형은 만 3세까지 부모의 양육 방식에 의해 만들어지고 굳어지는 것이므로 본인이 뭔가를 잘못했다기보다는 부모의 일방적인 영향으로 형성되었다고 할 수 있다. 하지만 성인이 된 이후에는 부모 탓을 하기보다는 현재 자신의 상태에서 시작해서 스스로 안정형 애착 유형으로 발전해 나가도록 끊임없는 노력을 한다면 애착 유형도 서서히 변할 수 있다.

이제부터는 내 삶의 주인이 부모가 아닌 자신이 되어 보자!

사람들이 날 싫어할까 봐 늘 걱정이에요

만 3세까지의 아기는 전적으로 엄마(또는 주 양육자)에게 의존한다. 혼자서 할 수 있는 것이 없기 때문에 오직 엄마만 바라볼 수밖에 없다. 그런데 엄마가 아기에게 일관적으로 사랑과 관심의 돌봄을 주는 게 아니라 변덕스럽게 돌봄을 준다면 아기는 매우 불안해진다.

엄마가 자기 기분이 좋을 때는 아기에게 아주 잘 대해주다가 자기가 기분이 나쁘고 문제가 있을 때에는 아기의 필요를 채우기보다 자신의 필요를 먼저 채우는 엄마는 아기에게 신뢰를 주지 못한다.

엄마의 양육이 이런 식이면 아기는 엄마가 잘해 줄 때에도 언제 다시 엄마가 돌변할지 몰라 안심하고 편안하게 느끼지를 못한다. 이런 아기들이 형성하게 되는 불안정 애착 유형이 불안-집착형이다.

불안-집착형 애착 유형의 아기는 엄마에게 일관적이고 안정적인 사랑을 충분히 받았다는 느낌을 받지 못하고 애정 결핍에 시달린다. 늘 엄마의 사랑은 아기에게 감질나게 찔끔찔끔 주어지고, 아기는 언제 엄마가 나에게 사랑과 관심을 주고, 언제 그것을 철수할지 몰라 늘 불안해한다.

또한, 스스로를 사랑받을 만하지 못한 존재로 인식하게 된다. 그래서 어려서부터 자존감이 낮고 열등감이 심한 아이로 자라고 이런 부정적인 자아상은 청소년기에 더 악화되면서 성인이 되어서까지 유지된다.

불안-집착형 애착 유형의 아기가 성인이 되면 낮은 자존감으로 인해 늘 자신이 없고 주눅이 들게 된다. 그래서 자기를 사랑해 줄 다른 사람을 간절히 찾는다. 엄마의 사랑이 부족해서 생긴 결핍을 채우고자 무의식적으로 애쓰는 것이다. 다른 사람의 사랑과 관심을 받기 위해 남들의 비위를 맞추고 다 참고 양보하며 거절하지 못한다.

그러면서도 다른 사람들이 혹시라도 자기를 미워하거나 욕할까 봐, 혹은 무시하거나 함부로 할까 봐 전전긍긍 눈치를 살핀다. 그러다 보니 다른 사람의 사소한 농담도 그냥 넘기지를 못하고 거기에서 자기를 무시한다는 의미를 찾아내고는 혼자 상처받거나 분노한다.

자기가 한 만큼 돌려주지 않는 다른 사람들 때문에 늘 억울하고 서운하다. 다른 사람들은 하나같이 비공감적이고 무례한 것처럼 느껴진다. 그러니 인간관계가 너무 긴장되고 어렵게 느껴진다.

그러다가 자기에게 잘해 주는 사람을 만나면 잠시 동안 무척 감격하고 행복해한다. 하지만 곧(마치 엄마가 그랬던 것처럼) 이 사람도 전적인 사랑을 주지 않고 자기를 버리고 떠날까 봐 불안해한다. 이 불안은 곧 집착으로 이어진다. 그 사람의 모든 것을 알고 싶어 하고 그 사람의 전부가 되기를 원한다. 그 사람이 잠시라도 연락이 안 되면 버림받은 느낌을 떨칠 수가 없어 연락될 때까지 계속 전화한다.

혹은 자기와 항상 붙어 있고 늘 소통하고 있지 않으면, 잠시라도 거리가 생긴 것 같은 느낌이 들면, 불안해서 견딜 수가 없다. 그래서 점점 집착하게 되지만, 시간이 지날수록 상대방은 이런 집착이 너무 부담스럽고 숨이 막혀 결과적으로 걱정했던 대로 그 사람이 떠나게 되는 일이 자주 생기고 만다.

그러면 가슴이 찢어지듯 아픈 상처를 받게 되고, 자기가 못나고 부족해서 이런 결과가 생겼다고 스스로를 자책한다.

"내가 그러면 그렇지, 누가 나 같은 걸 사랑하겠어."

이러한 한탄이 가슴 깊은 곳에 늘 자리 잡고 있는 것이다.

불안-집착형 애착 유형은 자기 부정, 타인 긍정이라고 말할 수 있다. 즉, 자기자신에 대해서는 부정적이어서 자존감도 낮고 열등감이 심하다. 반면에, 다른 사람에 대해서는 긍정적으로 느끼는데, 결국 다른 사람의 사랑과 관심을 받아야만 열등한 자신이 조금이라도 나아질 수 있을 것이라 느끼고 있다. 그래서 다른 사람에게 지나치게 의존적이 되고 집착하게 된다.

애착 유형은 만 3세까지의 기간 동안 엄마(또는 주 양육자)의 양육 방식으로 인해 형성되어 성인이 된 후 인간관계 양식으로 굳어지는 것이라는 것을 생각할 때, 불안-집착형의 유형을 갖게 된 것은 본인의 잘못이 아니라 전적으로 부모의 영향이라 해도 과언이 아니다. 부모는 아이를 일관적으로 따뜻하게 사랑해 주고 늘 한결같은 돌봄을 주었어야 했다.

부모가 그렇게 해 주지 못해서 아기는 불안해지고 성인이 되어서까지 불안한 인간관계 속에서 줄타기하며 가슴을 졸이게 되는 것이다.

이렇게 애착 유형은 부모로 인해 만들어지지만, 성인이 된 후에 본인의 노력으로 바꿀 수도 있다. 비록 불안정 애착 유형이었지만 본인의 노력으로 서서히 안정형으로 변해 가는 경우를 '획득형' 안정 애착이라고 한다. 불안-집착형 애착 유형이 획득형 안정으로 가기 위해 상대방이 나를 버리고 떠날까 봐 불안이 올라올 때 불안해하는 자신을 토닥이고 위로하고 달래 줄 수 있어야 한다.

"불안해하지 마. 그 사람에게는 자기만의 시간이 필요해. 잠시 그와 떨어진다고 해서 그의 사랑이 변한 건 아니야."

그리고 상대방이 거리를 두려 할 때 그 사람의 공간을 존중해야 한다. 물론, 쉽지 않다. 그래서 획득형 안정 애착은 오랜 시간과 노력이 필요하다.

그러나 충분히 노력할 가치가 있다. 결과적으로 나와 내 주변 사람들 모두의 마음이 훨씬 편안해지고 친밀한 인간관계들이 더 풍성해질 수 있기 때문이다.

7.
사랑할 수도 사랑을 받을 수도 없어 혼란스러워요

상담실을 찾는 분 중에는 가장 마음 아픈 분들이 혼란형에 속한 분들이다. 혼란형 유형은 전체 인구에서는 그다지 큰 비율을 차지하지 않지만, 안타깝게도 상담실을 찾는 분들 중에는 상당히 많은 분이 혼란형 유형이다.

혼란형 애착 유형은 공포-회피형 애착 유형이라고 불리기도 하는데 앞에서 살펴본 회피형과 불안형이 합해진 것이라 볼 수 있다. 만 3세 이전의 아기였을 때, 엄마(혹은 주 양육자)가 아기를 돌보기는커녕 오히려 아기를 신체적, 정서적으로 힘들게 하고 고통을 주었던 경우에 혼란형 불안정 애착을 형성하기 쉽다.

엄마(혹은 일차적 양육자)가 아기를 돌보지 않고 오히려 고통을 주었다는 것이 상식적으로 잘 이해가 안 될 수도 있다.

이 세상 어느 엄마가 제 몸으로 낳은 아기를 사랑하지 않겠으며 정성으로 돌보지 않겠는가?

그러나 상담하다 보면 그런 일을 자주 확인할 수 있을 뿐만 아니라 이유 또한 다양하다.

아기를 낳고 얼마 되지 않아 엄마가 죽었거나 이혼 등으로 집을 떠나 아기를 돌볼 수 없었던 경우, 엄마가 산후 우울증 등 정서적으로 아기를 돌보기 어려웠던 경우, 매우 심한 부부 갈등으로 아기에게 관심을 줄 여력이 없었던 경우, 부모가 중독이나 정신 질환 등의 문제가 있는 경우, 원하지 않는 아기를 낳은 경우, 부모 역시 자기 부모에게 학대를 당해 분노 조절이 어려운 경우, 아들을 원했으나 딸을 낳은 경우 등 부모 자신이 불행하여 아이를 돌볼 수 없는 이유와 상황이 있기 때문이다.

그러다 보니 어떤 이유에서든 아기는 당연히 받았어야 할 부모의 사랑과 돌봄을 받지 못하고 오히려 상처받기도 한다. 그래서 아기는 힘들 때 부모에게 가면 부모가 나를 위로해 줄 것인지 오히려 나에게 더 상처를 입힐 것인지 혼란스러워한다.

그래서 너무나도 부모의 사랑이 고프지만, 부모에게 선뜻 다가가지도 못하고 부모가 다가오면 두려움에 떤다. 만 3세까지 부모와의 관계에서 이런 경험을 한 아기는 이런 유형이 굳어져 성인이 된 후 혼란형으로 인간관계를 맺게 된다.

회피형과 불안형이 합해진 혼란형은 자기 부정과 타인 부정의 특징을 보인다. 불안형처럼 자신감이 없고 자존감이 낮으며 열등감이 심하다(자기 부정). 또한 회피형처럼 다른 사람을 믿지 못하고 늘 거절과 상처받을 것을 예상하기 때문에 친밀한 관계를 만들거나 유지하는 것을 힘들어한다. 이 두 가지가 합해지면 인간관계에서 이랬다저랬다 하는 혼란스러운 모습을 보인다.

즉, 다른 사람의 인정과 관심을 너무도 간절히 바라기 때문에 불안형의 사람처럼 다른 사람에게 다 맞춰 주고 자기의 것을 희생하면서 다 양보하고 섬긴다. 그렇게 하면 다른 사람들이 나를 봐주고 나에게 감사할 것이고 그럼으로써 나는 다른 사람들에게 필요한 존재, 중요한 존재가 될 수 있을 것으로 기대한다.

하지만 다른 사람의 관심과 감사는 자기가 기대한 만큼 돌아오지 않기 때문에 늘 실망하고 상처받고 억울해한다. 자기만 손해 보는 것 같고, 이용당하는 것 같고, 다른 사람들의 감정 쓰레기통이 된 것 같은 느낌은 결국 자기 부정을 더욱 강화한다.

'나는 이 정도밖에는 안 돼. 나는 바보 천치야.'

이렇게 스스로를 비하하는 생각이 더 심해지는 것이다.

또한, 열심히 노력하면서 다른 사람의 인정과 관심을 갈구하기 때문에 집착하게 되고, 상대방이 자기가 원하는 만큼의 애정을 주지 않는 것처럼 느끼면 불안해진다. 하지만 막상 상대방이 다가오면 갑자기 불편감을 느끼고 상대방을 피하거나 공격함으로써 상대방으로부터 거리를 만들곤 한다.

상대방에게 사소한 것을 심하게 비난하거나, 갑자기 어색한 거리를 두거나, 연락을 피하거나 화를 내는 등의 방법으로 상대방을 밀어낸다. 그러고는 다시 그 거리감이 버림받은 것 같은 느낌으로 다가오게 되면 또다시 집착하면서 상대방의 애정을 구한다.

이런 집착과 공격의 반복되는 패턴은 결국 상대방으로 하여금 서서히 지쳐서 관계를 떠날 수밖에 없는 상황으로 만들게 되고, 상대방이 떠난 후에는 자기 부정과 타인 부정이 더 한층 강해지면서 마음으로 큰 상처를 받곤 한다.

안타까운 것은 이것이 평생 무한 반복된다는 사실이다. 혼란형의 내담자들은 인간관계 속에서 계속해서 상처받으면서 그 고통 때문에 상담실을 찾는다. 이분들은 주변 사람들이 하나같이 공감 능력이 없고 차갑고 냉정하며 무례하다고 불평한다. 그리고 자기가 항상 손해 보고 양보한다고 생각한다.

정말 안타까운 것은 주변 사람들이 공감 능력이 없는 것이 아니라 자기자신이 다른 사람의 공감을 느낄 수 없도록 마음이 마비되어 있다는 것을 모르기 때문에 주변 사람들을 원망하며 계속해서 상처받는 것이다.

혼란형에 속한 사람은 비유하자면 가슴 속에 큰 얼음덩어리를 안고 있는 사람과 같다. 얼음을 안고 있으니 너무 춥다. 그래서 자기를 따뜻하게 해 줄 다른 사람을 간절히 찾고 있다. 너무 춥다고 비명을 지른다. 그래서 주변 사람들이 그에게 담요를 덮어 준다. 그런데 가슴 속에 얼음덩어리가 너무 커서 담요를 덮어 줘도 여전히 추울 뿐 아니라 얼음덩어리는 담요까지 차갑게 만들어 버린다.

그러면 이 사람은 담요를 가져다준 사람을 맹렬하게 비난한다. 내가 이렇게 추워 죽겠는데 두 손 놓고 아무것도 안 하고 있다고, 아무런 도움이 안 되고 자기밖에 모르는 이기적인 사람, 나에 대한 배려는 눈곱만큼도 없고 내가 죽어도 눈 하나 꿈쩍하지 않을 사람이라고 맹비난한다.

담요를 덮어 준 사람의 입장에서는 억울하고 황당하지만 자기가 아끼는 사람이 이렇게까지 힘들어하니 뭐라도 더 해 주려고 노력한다. 더 두꺼운 담요를 가져오고 오리털 파카를 입혀줄 수도 있다. 하지만 가슴 속 얼음덩어리 때문에 어떤 것도 그를 따뜻하게 해 주지는 못한다.

그는 점점 더 큰 소리로 상대방을 비난하고 분노를 터뜨린다. 이것이 반복되면 처음에는 담요를 덮어주고 도와주려고 했던 사람도 점점 지쳐버리고 마침내는 두 손 들고 떠나버린다. 이것이 혼란형의 일반적인 인간관계 패턴이다.

자기 가슴 속에 큰 얼음덩어리를 안고 있는 사람은 그 얼음덩어리를 녹이지 않는 한 따뜻함을 느낄 수 없다. 그것은 담요 가져온 사람의 잘못도 아니고, 담요 가져온 사람이 어떻게 해 줄 수 있는 것도 아니다. 가슴의 얼음덩어리는 아마도 부모에게 받은 것일 거다. 하지만 지금 그 얼음덩어리를 안고 있는 건 자신이니 이제는 자기 스스로 녹여 버려야 한다.

하지만 그 전에 먼저 이 상황에 대해 잘 알아야 한다. 혼란형의 사람들은 자기만 힘들고 상처받으며, 주변 사람들은 하나같이 비공감, 무배려, 무시, 무례하다고 불평하지만 사실은 그게 아니라는 것을 말이다.

사실 그들도 자기 나름대로 나를 도와주려 애쓴 것이었고, 그것이 내 마음에 와닿지 못한 것은 그들 잘못이 아니라 내가 마음속에 큰 얼음덩어리를 가지고 있었기 때문이라는 것을 깨달아야 한다. 그 후에야 그 얼음덩어리를 녹이는 노력을 시작할 수 있다.

애착과 하나님 관계

 만 3세까지 부모의 양육 방식에 의해 만들어진 애착 유형은 청소년기와 성인기의 인간관계를 지배하는 패턴으로 굳어지게 된다. 그리고 이것은 또한 하나님과의 관계에도 중요하게 작용한다.

 자기 긍정, 타인 긍정의 안정형은 다른 사람과 쉽게 친밀한 관계를 맺을 수 있고 원만하고 편안한 관계를 유지하는 것처럼 하나님과의 관계도 편안하게 유지할 수 있다. 하나님에 대해 신뢰하고 하나님의 사랑과 돌봄을 경험하며 늘 하나님과 동행하는 즐거운 삶을 사는 것이 안정형에게는 일상처럼 자연스럽다.

 하지만 자기 긍정, 타인 부정의 거부-회피형은 하나님이 자기에게 벌을 내리거나 자기를 거절하고 떠날까 봐 혹은 하나님이 자신에게 별로 관심이 없다고 느껴져서 선뜻 하나님께 마음을 열지 못한다.

하나님은 나에게까지 신경쓰기에는 너무 바쁘신 분으로 느껴진다. 나는 하나님에게 그다지 중요한 존재가 아닌 것 같다. 하나님은 '가까이하기엔 너무 먼 당신'이다. 그냥 하나님 없이 나 혼자서 살아가는 것이 더 편하다고 생각한다.

그러다 보니 하나님을 믿지 않거나 믿어도 건성으로 신앙생활을 하곤 한다. 열심으로 하나님께 헌신했다가 나중에 하나님께 버림받을 바에는 그냥 적당히 해서 하나님께 버림받아도 아깝지 않게 하는 것이 낫다는 무의식적인 계산이다. 그래서 다른 사람과의 관계에서와 마찬가지로 하나님과도 언제 헤어져도 괜찮을 만큼 적당히 거리를 유지하는 것을 편하게 느낀다.

자기 부정, 타인 긍정의 불안형은 하나님이 나의 일거수일투족을 다 감시하면서 내가 얼마나 악하고 추하고 연약하고 부족한지 다 알고 계신다는 것 때문에 늘 하나님 앞에서 주눅들어 있어 '나 같은 게 어찌 감히 하나님께 가까이 갈 수 있을까?' 하는 마음으로 하나님을 두렵게 생각한다.

그래서 하나님이 나의 부족함을 보시고 나를 버리고 떠날까 봐 늘 불안해하면서도 하나님이 나보다 다른 사람들을 더 사랑하고 복을 주시는 것 같아 씁쓸하고 하나님께 서운해한다. 그리고 자신도 하나님의 인정과 사랑을 받기 위해 목숨까지도

다 버리고 하나님께 헌신한다.

　하지만 하나님은 항상 나에게 인색한 것처럼 느껴지고, 인정과 사랑을 충분히 받지 못하는 것 같은 느낌이 늘 있다. 나는 하나님께 사랑받고 인정받고 싶은데, 하나님은 나를 별로 사랑하지 않는 것 같아 늘 서운하고 외롭고 불안하다.

　자기 부정, 타인 부정의 혼란형은 하나님이 과연 나를 보호하고 돌보시는 분인지, 나에게 보복하시고 벌주시는 분인지 확신이 없다. 하나님께 다가가면 나에게 더 큰 짐을 지워주실 것 같아 뒷걸음질 친다. 그래서 정말 하나님께 가까이 가고 싶지만 불안해서 다가가지 못한다.

　그러면서 하나님은 나를 사랑하지 않는다는 아픈 마음을 느끼고, 하나님 앞에서 늘 우울하고 불안하고 두렵다. 하나님에게서 멀찍이 떨어져 있으면서도 간절히 하나님께 다가가고자 하는 애처로운 신앙생활을 하게 된다.

　이렇게 애착 유형은 친밀한 인간관계뿐 아니라 하나님과의 관계에도 큰 영향을 미친다. 애착 유형은 너무도 어린 시절에 자기가 인식하기도 전에 형성되어 오랜 세월 동안 굳어졌기 때문에 이것을 찾아내어 분명히 인식하는 게 쉽지는 않다.

　하지만 애착 유형이 문제가 되어 인간관계와 신앙생활이 힘들다고 하는 내담자를 만나게 될 때는 애착 유형부터 탐색해 보고 다시 안정형으로 변해갈 수 있도록 상담자가 도와줄 수 있다. 이것은 그동안 관계에서의 거짓 메시지와 그릇된 신념에서 벗어나 새 옷을 입혀주는 것과 같이 내담자의 삶을 새롭게 해 줄 수 있는 매우 신비롭고도 아름다운 여정이다.

치유: 재양육, 재경험

지금까지 만 3세 이전 엄마(또는 주 양육자)의 양육 방식이 아기에게 어떠한 애착 유형을 형성하고 그것이 성인이 된 후 인간관계 방식으로 굳어져서 어떤 영향을 미치는지에 대해 이야기를 나눠 보았다.

사실 아기가 만 3세가 될 때까지는 우는 것 외에 자기의 필요를 위해 할 수 있는 것은 아무것도 없다. 하지만 모든 아기는 충분한 사랑과 돌봄을 받아야 한다. 이때 아기에게 적절한 돌봄과 사랑을 주지 못해서 불안정 애착이 형성되었다면, 이것은 아기의 잘못이 아니다. 아기에게 이런 일이 일어나서는 안 되는 것이었다. 이것은 무척 슬프고 안타까운 일이다.

아무것도 할 수 없는 무력한 아기는 부모의 부적절한 양육을 그저 당하고 견디면서 살아남는 것 외에는 할 수 있는 것이 없었고, 그 결과 굳어진 인간관계 방식은 아주 어린 시절부터 오랫동안 형성된 것이기 때문에 일순간에 바꾸기는 참 어렵다.

만약 당신이 거부회피형, 불안집착형, 혼란형의 애착이라면, 성인이 된 지금 할 수 있는 것은 어떤 것일까?

혹은 당신이 상담하고 있는 내담자가 불안정 애착 유형으로 힘들어하고 있다면 어떤 방향을 제시해 줄 수 있을까?

어렸을 때에는 부모의 잘못된 양육을 그저 받아들일 수밖에 없었지만 지금은 성인이고 자신의 삶을 스스로 얼마든지 새롭게 만들어 갈 수 있는 능력이 있다.

즉, 불안정 애착의 사람도 스스로의 노력에 따라 안정형으로 바뀔 수 있다(이것을 획득형 안정 애착이라고 앞에서 언급한 바 있다). 물론 쉽지는 않지만, 꾸준히 노력하면 서서히 달라지는 것을 느낄 수 있다.

어렸을 때 부모의 양육이 부적절했다면, 성인이 된 이후에 적절한 방법으로 다시 양육을 받을 수 있다. 이때 양육자는 당연히 부모는 아니다. 가장 결정적인 양육자는 자기자신이다. 이제는 내가 나를 존중하고 사랑하고 돌보면서 나 자신을 다른 방식으로 양육해야 한다.

내 마음속에 울고 있는 어린 나를 느낄 때마다 마치 엄마가 그렇게 해 줬다면 좋았을 방식으로 내 마음속의 아이에게 대해 주는 것이다. 할 수 있는 한 가장 친절하고 따뜻한 시선으로 바라봐 주고, 쓰다듬어 주고, 관심을 가져 주면서 어린 시절 결핍되었던 것을 내가 나 자신에게 해 줄 수 있다.

'내가 이 모양이지 뭐, 누가 나 같은 거한테 관심이나 주겠어?'

이렇게 자기 부정, 타인 부정의 생각이 불쑥 올라올 때, 그것을 진정시켜 주어야 한다.

'그런 생각이 드는구나, 그런데 꼭 그렇게 생각할 필요는 없어. 나도 하나님이 지으신 작품이니까 다른 사람들에게 충분히 관심받을 만해. 저 사람이 나의 진가를 잘 못 알아본 건 내 잘못이 아니지.'

부정적 생각은 자동적이고 무의식적이기에 이런 생각이 올라오는 것을 막을 수는 없다. 그리고 내 마음이 온전히 회복되기 전까지 부정적 생각은 반복적으로 올라올 수 있다.

'왠지 저 사람이 나를 싫어하는 거 같아 …

내가 뭐 잘못했나?

저 사람 나를 무시하는 거 같아 …'

이럴 때 의식적으로 가슴에 손을 얹고 내 마음에게 친절하고 따뜻하게 말해 준다.

'그렇게 느낄 수도 있는 상황이지만, 꼭 그런 게 아닐 수도 있어. 저 사람 나름대로 사정이 있을 거야. 나는 할 만큼 했으니 괜찮아, 저 사람이 날 무시하거나 싫어하는 것이 아니라 다른 이유가 있어서 그럴 거야.'

이런 반복적인 노력이 끊임없이 들어가야 획득형 안정 애착으로 성장할 수 있다. 처음 애착이 형성되는 것은 길어야 3년으로 단시간에 이루어지지만, 성인이 된 이후에 획득형 애착을 형성하는 과정은 아주 오랜 시간이 걸리고 힘들 수 있다. 하지만 이제부터는 내가 나를 양육한다는 마음으로 노력해 보자.

좋은 사람이 새로운 애착 대상이 되어 준다면 더 쉽게 안정 애착을 형성할 수도 있다. 인생을 살아가면서 좋은 친구, 애인, 배우자, 선생님, 목사님, 상담사 등을 만나 이들을 통해 인정과 사랑을 경험하고 이들과 좋은 애착 관계를 형성할 수 있다면, 부모로부터 받은 부정적 영향에서 조금씩 자유로워질 수 있다. 즉, 새로운 경험이 이전 경험을 대체할 수 있는 것이다.

또한, 본인 역시 다른 사람에게 좋은 애착 대상이 되어 줄 수 있다. 그렇지만 그 누구보다 좋은 애착 대상으로 가장 완벽한 분은 바로 하나님이다. 하나님의 무조건적인 사랑, 자신의 목숨까지도 십자가에서 버릴 수 있을 만큼 강력한 사랑은 이전에 부모로부터 받은 아픔을 녹여서 무력화하기에 충분하다. 그것이 바로 내 마음속에 안고 있었던 얼음덩어리를 녹이는 방법이다.

그리고 이것은 나의 노력만으로 되는 것은 아니다. 하나님이 뜨거운 은혜를 주셔야 한다. 내가 할 수 있는 것은 하나님께 그런 치유의 은혜를 구하는 것이다. 구하는 자는 얻을 것이라는 말씀을 믿고 주님의 은혜를 사모하는 자에게 주님은 풍성한 은혜를 부어주실 것이다. 불안정 애착으로 인한 아픔과 상처 그리고 결핍은 결국 하나님의 은혜로 치유받을 수 있고 회복될 수 있다.

부모를 위한 애착 팁

생후 만 3세까지 아기가 경험하는 부모의 양육 방식이 애착의 유형을 형성해서 그 아기의 평생 지속되는 인간관계 유형을 만들어 낸다는 것을 생각해 볼 때, 부모의 가장 중요한 책임 중 하나는 아기의 3세까지의 양육이라 할 수 있다.

많은 부모가 아기가 어릴 때는 기억도 못 할 것이라 생각하거나, 혹은 어린 아기를 키우는 부모 자신도 어리고 여러 가지 문제로 가정이 불안정한 경우가 많아서 이 중요한 시기에 우왕좌왕하면서 지나버리곤 한다.

그리고 아이가 어느 정도 컸을 때 좋은 것을 사주고 고액 과외를 시키면서 부모로서 아이에게 필요한 것을 잘 공급해 주고 있다고 착각하곤 한다. 그러나 부모가 정말 신경써서 해 줘야 하는 것은 아기의 첫 3년 동안을 놓치지 말고 이 시기에 아기에게 올인해서 충분히 따뜻한 양육을 해 줘야 하는 것이다.

그럼, 생후 첫 3년 동안 어떻게 하면 아이의 안정적 애착 형성을 위해 도움이 되는지 몇 가지의 팁을 나누어 보겠다.

첫째, 이 시기 부모의 첫 번째 순위는 아기여야 한다.

아기보다 우선되는 다른 어떤 것이 있어서는 안 된다. 그래서 나는 할 수만 있다면 부부 중 한 명은 아기가 태어나면 3년 동안은 일이나 공부를 쉬라고 권하곤 한다. 이 시기 아기에게는 함께하는 시간의 질만 중요한 게 아니라 양도 절대적으로 중요하기 때문이다.

그래서 하루 종일 엄마 혹은 아빠랑 붙어 있어야 한다. 물론, 아기를 키우는 주부들은 이게 웬 감옥 같은 소리냐고 할지도 모른다. 하지만 길어야 3년이다. 이 아이의 평생에 가장 중요한 것을 만들어 주는 시기이므로 적어도 이 3년은 그 정도의 정성과 헌신이 꼭 필요하다. 나는 아기를 낳고 나서 아기에게만 집중하기 위해 2-3년 동안 휴직이나 휴학하는 엄마(혹은 아빠)를 진심으로 존경한다.

둘째, 이 시기 아기들에게는 부드럽고 따뜻한 신체 접촉을 많이 해 주어야 한다.

아기는 말로 소통하기 어렵기 때문에 몸으로 소통을 해 줘야 한다. 몸을 통해 사랑, 안전, 평화, 존중 등을 아기가 느낄 수 있어야 한다. 그러기 위해 할 수만 있는 대로 자주, 많이 그리고 오래 아기를 안아 주고 만져 주어야 한다. 늘 안아 주고, 업어 주고, 쓰다듬어 주고 잘 때도 안고 자고 … 이것은 안정적 애착 형성에 필수 요소이다.

종종 아기를 자주 안아 주면 '손 탄다'라거나 심지어는 버릇 나빠진다거나 하는 핑계를 대면서 아기를 안아 주는 데 인색한 부모를 만난다. 그럴 때마다 나는 속으로 가슴을 친다. 그리고 그 아기가 안쓰러워 마음이 먹먹해진다.

물론 아기를 자주 안아 주면 아기는 그걸 좋아하기 때문에 더 안아 달라고 보챈다. 맞다. 소위 '손 타게' 된다. 엄마는 자주 안아 줄 수밖에 없으므로 힘들다. 허리도 아프고 팔이나 손목도 아프다. 하지만 역시나 그래 봐야 3년이다.

충분히 안아서 키운 아이는 3년이 되면 더 이상 안아 주려 해도 안기지 않고 세상 다양한 것에 호기심을 가지고 부모 품을 뛰쳐나간다. 이것이 안정 애착이다.

반대로 안아 주기에 인색한 부모에게서 자란 아이는 나이를 먹어도 부모에게서 떨어지길 힘들어하고 늘 애정 표현에 목말라하고 세상으로 나아가길 두려워한다. 어차피 부모가 되는 것은 헌신과 희생의 연속이다. 그걸 각오하고 부모가 되어야 한다.

낳아 놓기만 하면 아이들이 알아서 크는 게 아니다. 부모의 헌신과 희생에 포함되어야 할 것이 바로 만 3년까지 아기를 안아 주느라 몸 여기저기가 아프게 되는 것이다. 그렇게 해서라도 우리 아이가 인간관계가 편안하고 자존감이 높은 아이로 자란다면 못 할 것도 없다. 아기를 '손 타게' 키우는 부모가 아기에게 안정적인 애착을 만들어 줄 수 있다는 것을 꼭 기억하자.

셋째, 만 3년 동안은 아기에게 늘 주의하면서 아기의 필요를 즉각적으로 채워 줘야 한다.

아기가 울 때 그냥 울게 내버려 둬서는 안 된다. 왜 우는지 확인하고 배고프면 우유를 주고, 기저귀가 젖었으면 갈아주고 졸리면 재우고 추우면 따뜻하게 해 줘야 한다. 부모가 다른 것에 골몰하느라 아기가 울어도 바로바로 반응해 주지 않으면 애착 형성에 문제가 된다.

그리고 아이에게 반응할 때 중요한 것 중 하나는 따뜻함과 친절함이다. 아기는 자기를 바라보고 대하는 부모에게서 따뜻함과 친밀함을 느껴야 한다. 그래서 접촉은 부드럽게, 표정은 미소로 그리고 사랑 가득한 태도를 유지해야지, 짜증내고 우울하고 무관심한 태도로 아기에게 반응하면 아기의 애착 형성에 부정적인 영향을 미치게 된다.

물론, 부모가 항상 따뜻하고 친절하게 아기에게 대할 수 있는 것은 아니다. 부모도 여러 가지 고민과 문제를 안고 살아가기에 힘들고 우울할 때가 있다. 부부 갈등이나 고부 갈등이 심할 수도 있고, 경제적인 문제가 심각할 수도 있다. 엄마가 산후 우울증을 앓을 수도 있고, 그 외에도 다양한 문제가 있을 수 있다.

하지만 그래도 아기 앞에서의 부모는 늘 행복해야 한다. 행복한 부모를 보며 크는 아이들이 행복감을 느끼고 애착도 안정적으로 잘 형성한다.

그럼, 부모가 행복하지 않은데 어떻게 아이 앞에서 행복할 수 있을까?

행복하지 않아도 아기가 보고 있다면 행복한 척이라도 해야 한다. 연기를 해서라도 아기 앞에서 불행감을 표현하지 말아야 한다. 아기 앞에서 얼굴을 찡그리고 화를 내거나 짜증을 내고 눈물을 흘리며 한숨을 쉬는 것은 절대로 해서는 안 된다. 이건 아기에게 못 할 짓이다. 억지로라도 행복한 척을 하는 것이 부모가 해야 할 희생과 헌신 중 하나이다. 아기를 부모의 불행감으로부터 보호해 줘야 한다.

정리하면, 아이에게 안정적인 애착 유형을 만들어 주기 위해 엄마(나 아빠)는 아기와 많은 시간을 보내고, 늘 안아 주고, 따뜻함과 친절함으로 아기의 필요에 즉각적으로 반응해 줘야 한다. 그리고 10년, 20년 해야 하는 것도 아니다. 길어 봐야 3년이다. 부모의 상황과 여건에 따라 쉽지 않을 수 있으나 아이를 낳은 이상 그에 대한 책임 또한 감당해야 한다.

이 3년의 헌신과 희생이 아이의 인생을 좌우할 수 있다. 아이가 평생 행복하길 원하면 많은 돈보다 안정적 애착을 선물로 주는 것이 훨씬 지혜로운 선택이다.

신정론

  상담받으러 오는 사람 중에서 만사가 형통하고 늘 감사하며 행복한 사람은 없다. 그런 사람은 상담이 필요하지 않기 때문이다. 고통 속에 신음하며 혼자 감당하기 힘들어 도움을 받기 위해 찾아오는 것이 상담이다.

  그러다 보니 상담하는 사람은 하루 종일 인생의 가장 힘든 시간 속에 있는 사람들의 우울하고 고통스러운 이야기만 듣게 된다. 이것이 상담자 자신의 정신건강 돌봄이 아주 중요한 이유이기도 하다.

  고통 중에 있는 사람들이 하는 말 중에 자주 듣게 되는 말이 있다.

"Why me?"

"하나님은 왜 나에게 이런 일이 생기도록 허락하셨을까요?"

"하나님이 살아 계신다면 그리고 그 하나님이 전능하시고 정말 나를 사랑하신다면, 어째서 나에게 이런 일이 생기도록 내버려 두실 수 있을까요?"

조금 어려운 말로 하면 신정론(Theodicy)적 질문이다.

하나님은 나의 머리털까지 셀 만큼 나를 사랑한다면서 어째서 나에게 고통스러운 일이 찾아올 때 그것을 막아주지 않는가?

하나님이 전능하다면 나에게 그런 일이 생기기 이전에 미리 피할 수 있게 해 주시거나, 혹은 그런 일이 닥치는 순간에 무슨 기적을 일으키셔서라도 나를 보호해 주셔야 하지 않는가?

이런 질문들이 끊임없이 마음속에서 일어난다. 그리고 도무지 답을 찾을 수 없고, 아무리 기도하며 하나님께 물어봐도 하나님은 명확히 대답하지 않으신다.

깊은 고통 중에 있는 사람은 자신이 겪고 있는 고통을 하나님과의 관계 속에서 조금이라도 이해하고자 애를 쓴다. 자신이 현재 겪고 있는 고통과 하나님의 전능함과 사랑이 동시에 이해되기 어려울 때 많은 신자가 자신에게 원인을 돌리기도 한다.

'내가 뭔가 큰 죄를 지어서 하나님께 징계받는 게 아닐까!'

하지만 이것도 역시 이해하기 어렵다. 나로서는 큰 죄 짓지 않고 최선을 다해 하나님과 이웃을 잘 섬긴다고 나름의 노력을 해 왔는데, 또한 그뿐 아니라 나와 비슷한 다른 사람들은 평

탄한 삶을 살고 있는데 나에게만 이런 시련이 왔다는 것은 말이 안 되는 것처럼 느껴진다.

종종 목사님께 찾아가 이런 질문을 해 보지만 그저 설교 시간에 들을 수 있는 평범한 이야기만 해 줄 뿐 별다른 도움이 되지 않는다. 오히려 이런 질문을 하는 것은 믿음이 없는 증거가 될 수 있으므로 그런 '의심'의 질문은 하지 말고 오직 하나님만 잠자코 바라보라는 권면을 통해 이런 질문 자체를 억압하기도 한다.

하지만 신정론적 질문과 의심은 다르다. 신정론적 질문의 근원은 의심이 아니라 믿음이다. 어떻게든 하나님을 믿어 보려고, 그 믿음을 잃지 않으려고, 이해할 수 없는 고통 속에서도 하나님을 이해해 보려고, 발버둥 치는 신앙의 표현이다. 그러므로 신정론적 질문을 불신이나 의심으로 취급하는 실수를 해서는 안 된다.

그래서 고통 중에 있는 기독교인들은 상담자와의 만남에서 이런 질문을 충분히 다루고 함께 고민하길 기대한다. 종교적인 이야기를 피하려는 일반 상담(기독교 상담이 아닌)에서는 이런 깊이 있는 신학적 성찰을 하기 어렵다. 하지만 고통 중에 있는 내담자에게 영적, 신학적 성찰은 핵심적으로 중요한 이슈가 되므로 이것을 빼고 주변부만 다룬다면 그 상담은 온전한 상담이라 보기 어렵다.

신학적으로 잘 훈련된 기독교 상담자는 내담자의 신정론적 질문에 당황하지 않고 침착하고 공감적인 태도로 함께 고민하고 진지하게 대화를 나눌 수 있어야 한다. 신정론적 대화를 나눌 때 상담자가 피해야 하는 것이 두 가지 있다.

첫째, 하나님을 변호하려는 것이다.

상담자도 하나님을 믿는 신자이기에 하나님 편에서 변명하고자 하는 무의식적인 시도를 할 수 있다. 하지만 '하나님의 계획이 있을 것이다', '하나님은 그럼에도 불구하고 너를 사랑하신다', '이것이 나중에는 축복이 될 것이다', '하나님이 이러시는 데에는 이유가 있을 것이다', '먼저 너 자신을 돌아본 후에 하나님을 탓하라' 등의 말은 욥의 친구들이 욥에게 했던 '의미 없이 허공에 올리는 교만한 말들'과 크게 다르지 않다. 그 말이 맞든 틀리든 상관없이 현재 내담자에게는 도움이 안 된다는 게 현실이다.

둘째, 설교하는 것이다.

예를 들면, 고통의 의미에 대해, 너보다 더 큰 고통을 당한 다른 사람에 대해, 기도와 말씀으로 고통을 이겨내야 함에 대해, 고통이 주는 긍정적인 결과에 대해, 장황하게 설교하면서 내담자를 설득하려 해서는 안 된다. 이 모든 것이 틀렸다는 것은 아니다. 다만, 현재 내담자에게는 이런 말이 아무런 도움이 안 된다는 것이다.

사실 내담자가 이런 것을 모르지는 않을 것이다. 하지만 때에 따라서 이런 말은 마치 공허한 메아리처럼 울려 퍼질 뿐 내담자의 마음속에 깊은 통찰을 주거나 하나님과의 관계에 실제적인 도움을 주지는 못한다는 것이다.

그럼, 상담자는 신정론적 고민을 하는 내담자에게 어떤 식으로 함께 동행해 주어야 하는 것일까?

기독교 상담자는 내담자로부터 종종 신정론적 질문을 받는다. 그리고 이 질문 앞에서 당황하지 않기 위해 본인이 먼저 이 질문에 대해 깊은 성찰을 해야 하고, 또한 어떤 태도로 내담자와 이 질문을 함께 다뤄야 할지 준비되어 있어야 한다.

먼저, 단도직입적으로 말하면 신정론에 대한 명쾌한 정답을 상담자가 줄 수는 없다. 그건 하나님이 할 일이다. 그리고 내담자가 하나님께 이 답을 얻는 데에는 상당한 시간이 걸릴 수도 있다. 상담자는 내담자의 질문과 하나님의 답변 사이에 걸리는 그 긴 고통의 시간 동안 내담자가 견딜 수 있도록 그리고 그 시간을 통해 내담자가 더욱 영적으로 깊이 있게 성숙해질 수 있도록 도울 수 있다.

꼭 신학자가 아니어도 모든 사람은 나름의 신학 체계를 가지고 있다. 체계적이지는 않지만, 소박하고 자기가 이해하고 있는 하나님과 관련된 지식이다. 누구나 심지어는 하나님을 믿지 않는 사람까지도 하나님은 어떤 분이시고, 그 하나님과 나의 관계는 어떤 것인지 막연하게라도 생각하고 있는 것이 있다.

이런 것을 그 사람이 익숙하게 가지고 있는 내재적 신학(embedded theology)이라고 말할 수 있다. 그런데 신정론적 질문을 할 만큼 고통스러운 상황은 그 사람이 가지고 있는 내재적 신학이 더 이상 그 사람의 삶을 제대로 설명할 수 없는 상황이다.

그래서 자기의 내재적 신학으로 더 이상 삶이 해석되지 않고 이해하기 힘들 때, 그 사람은 굉장한 고민과 영적, 신학적 갈등을 겪게 된다. 이런 과정을 통해 그 사람의 내재적 신학은 그 틀을 깨고 현재의 고통스러운 상황까지도 설명할 수 있는 더 크고 깊고 정교한 신학으로 다듬어지게 된다.

이렇게 다듬어진 신학을 이전의 내재적 신학과 달리 심사숙고하여 고안된 신학(deliberative theology)이라고 부르기도 한다. 인생길을 가는 동안 우리는 소박하고 단순한 내재적 신학을 여러 고통스러운 경험을 통해 계속해서 다듬어 나가고 깊게 만들어, 가장 아픈 순간까지도 설명할 수 있는 나름의 정교한 신학을 발전시켜 나간다. 그러면서 아픔과 고통을 통해 하나님을 더 깊이 만나고 알아가게 된다. 모든 단련을 통해 정금 같이 만들어지는 과정이다.

그런데 이 과정은 시간이 걸린다. 그리고 누군가 제삼자가 한 마디로 정답을 줄 수 있는 것이 아니다. 오롯이 자기자신과 하나님, 단둘이서 씨름하듯이 긴 시간을 버텨 나가며 이루는 과정이다.

그러므로 신정론적 질문을 하는 내담자를 만나는 상담자는 이런 신학의 정교화 과정을 잘 이해하고 있어야 한다. 이때 상담자가 할 일은 이 내담자가 자신의 내재적 신학에 의문을 제기하고 그것을 반박하면서 자기가 가지고 있던 기존 신학의 틀을 마침내 용감하게 깨뜨리고 하나님에 대한 더 깊은 뜻을 깨달아 갈 수 있도록 내담자의 이 모든 영적 과정에 묵묵히 인내하며 동행해 주는 것이다.

이 과정에서 상담자는 내담자를 있는 그대로 수용해 주고, 어떠한 정죄나 판단도 하지 않고, 가르치려 하거나 자기가 이해한 것을 설명하려 하지 않고, 내담자 스스로 이 과정을 잘해 나가도록 지켜봐 주는 역할을 해 주어야 한다.

충분한 시간을 통해 내담자는 자기가 겪은 아픔과 고통의 의미를 성찰하게 되고, 하나님과 자신과의 관계를 새롭게 정립할 수 있게 될 것이다. 그리고 분명한 것은 이 과정은 아프고 길다. 도중에 포기하고 싶을 수도 있다.

이때 상담자의 역할은 지탱(support)이다. 이 힘든 과정을 지나는 동안 내담자가 쓰러지지 않도록 그의 손을 단단히 잡아 주는 것이다. 그러면 그는 결국 하나님과 함께 천천히 이 과정을 해 나갈 수 있을 것이다.

상담자가 아무런 준비 없이 이런 신정론적 질문을 받게 되면 당황하고 긴장해서 판에 박힌 이야기, 추상적이고 누구나 다 할 수 있는 피상적인 이야기를 두서없이 하게 되곤 한다. 당연하게도 그런 말들은 지금 신정론적 고민을 하는 사람에게 아무 도움이 되지 않는다.

신정론적 고민을 잘 살펴보면 거기에는 단순히 신학적인 내용뿐 아니라 그 사람이 당연시하는 신념이 있음을 알 수 있다. 예를 들면, 최선을 다하면 최선의 결과를 얻는다거나, 남에게 잘해 주면 다른 사람도 나에게 잘해 줄 것이라거나, 정의는 결국 승리하며 정직과 진실은 결국은 남들이 알아줄 것이라거나, 혹은 이 세상은 공평하다 등의 신념이다.

이런 신념은 이상적인 개념들이지만 우리가 살고 있는 이 세상에는 아쉽게도 항상 적용되지는 않는 것들이다. 그런데도 이와 같은 신념을 굳게 믿는 분들이 많이 있다. 그리고 이런 신념이 깨지는 상황에 맞닥뜨리게 되면 다른 모든 삶의 신념들까지도 한꺼번에 흔들리고 만다.

내담자의 말속에 이런 신념들이 발견된다면 상담사는 그것을 그냥 넘어가지 말고 그런 신념에 대해 내담자와 깊이 있는 대화를 나눠볼 필요가 있다. 정말 그런지, 그런 신념은 어디서 온 건지, 만약 그 신념이 틀렸다면 뭐가 문제인지 대화를 나눠 보고 사실은 그렇지 않은 이 세상에 대해 내담자가 현실적으로 직면하고 받아들일 수 있도록 도와준다.

이 과정은 그동안 내담자 마음속에 자리 잡고 있으면서 내담자를 안심시켜 왔던 이 세상에 대한 이상화된 그림을 상실하는 것으로 내담자에게는 아주 힘든 작업일 수 있다.

하지만 이상화된 그림을 수정하여 현실에 가까운 모습으로 바꾸는 과정을 통해 내담자는 죄로 인해 한계가 많은 세상에서 사는 삶에 대한 성찰의 눈을 가질 수 있고 내적으로도 성장할 수 있다.

삶의 고통으로 인해 하나님의 전능하심은 물론 하나님의 사랑과 돌보심도 느끼지 못하는 내담자들을 대할 때 그래서 다음과 같이 신정론적 질문을 하는 내담자들을 대할 때 상담사들이 매우 신중해야 하는 몇 가지의 주제가 있다.

"내가 고통당할 때 하나님은 어디 계시는가!"

이런 질문은 상담사에게도 매우 불편하기 때문에 상담사는 몇 마디의 단순하고 정답 같은 말을 던져 줌으로써 이 힘든 주제를 피해 가고 싶을 수 있다. 하지만 그것은 내담자의 신학적 수정 작업에 도움이 되지 않을 뿐 아니라 오히려 내담자의 고통을 가중시킬 수 있다.

그중 하나가 지금의 고통은 하나님의 뜻이라는 것이다. 심지어는 하나님이 미리 계획한 것이라는 말이다. 사실 이 말은 맞을 수도 틀릴 수도 있는 말이다. 하지만 내 삶에 좋은 것을 예비하시는 하나님께서 이런 고통을 계획하셨다는 말은 내담자에게 큰 아픔과 실망을 줄 수 있다.

이런 고통을 미리 계획하시는 하나님을 앞으로 어떻게 믿고 따라갈 수가 있을까?

그리고 무엇보다도 이 고통이 하나님의 뜻이고 계획인지 상담사는 모른다. 오직 하나님만이 알 것이다.

그런데 상담사가 뭐라고 그런 식으로 단정할 수 있겠는가!

또는, 이 고통이 너의 죄 때문이라고 말하는 것도 주의해야 한다. 하나님은 우리의 죄를 일일이 계산하시면서 각 죄에 대해 처벌을 내리시는 분이 아니다. 오히려 하나님은 한없는 용서의 하나님이다. 그런데 죄 때문에 이런 고통을 내리신다고 말한다면 영적으로 연약해져 있는 내담자의 하나님 이미지를 심각하게 왜곡시킬 수 있다.

또 사탄이 너에게 이런 일을 만들었다는 말도 해서는 안 되는 말이다. 사탄이 그랬는지 상담사가 알 수도 없거니와, 하나님을 믿는 자의 삶을 사탄이 함부로 망가뜨릴 수 있다는 가정 역시 성경적으로 적절하지 못하다.

상담사가 할 일은 내담자가 겪고 있는 고통에 공감하려 노력하면서 그가 그 고통을 견뎌 나가는 동안 함께 거기에 있어 주는 것이다. 그가 고통받을 때 하나님 역시 행복하지 않을 것이다. 그의 고통 속에 함께 고통스러워하시는 하나님을 상담사를 통해 느낄 수 있도록 해 주어야 한다.

하나님께서 그의 고통에 함께하시며 무엇보다도 이 고통을 견딜 힘을 주시는 분임을 믿고 그가 하나님께 의지할 수 있도록 격려해야 한다.

고통 속에서 경험하는 하나님의 위로는 결국 그를 영적으로 성숙하게 이끌 것이다. 또한 믿는 자들의 모든 고통에는 결국 끝이 있을 것이며, 하나님의 선한 계획이 있을 것임을 믿으며, 그가 이 힘든 상황에서도 주님 안에서 소망을 품을 수 있도록 도와주는 것이 기독교 상담사의 역할이다.

제4부

상담실에서 만난 사람들

1. 폭군이 되어버린 십 대 아들
2. 분노하는 자녀를 가진 부모가
   명심해야 할 것
3. 해결되지 않은 상처의 대물림
4. 치유로 가는 여정의 준비
5. 내면의 상처 치유
6. 자해하는 십 대 소녀
7. 자기애적 어머니
8. 문제 아이의 부모 상담
9. 부모님들 제발 좀…,!

여기에 소개된 모든 사례는 실제 사례를 바탕으로 하였으나 단일 사례가 아닌 유사한 여러 사례를 개인의 정보가 노출되지 않도록 가명을 사용하고 상황이나 배경을 각색하였음을 알려드립니다.

1.
폭군이 되어버린 십 대 아들

김 집사님은 매우 어두운 얼굴로 한숨을 푹 쉬면서 상담소를 찾아왔다. 요즘 세상 살기가 싫을 만큼 힘이 드는데 원인은 고등학교 2학년 아들 때문이라고 했다. 성격도 순하고 착하던 아들이 점점 컴퓨터와 핸드폰에만 빠져 살고 부모에게는 매우 폭력적으로 돌변했다는 것이다.

김 집사님 말로는 깨어있는 시간의 95퍼센트는 핸드폰, 컴퓨터를 보고 있고, 부모가 제지하려 하면 욕과 폭언뿐 아니라 폭력까지 나온다는 것이다. 이미 핸드폰과 모니터는 여러 대 부쉈고, 대형 TV와 의자도 아들 손에 부서졌고, 문짝도 두어 번 고쳤다고 했다.

지금은 아들한테 맞을까 봐 아무 말도 못 하고 있기는 하지만 저렇게 둬도 될지, 한창 공부해야 하는 고등학교 2학년 학생인데 대학은 갈 수 있으려는지 걱정이 태산이라고 했다. 순하고 착하던 아들이 이렇게 폭군으로 변해 버린 상황에 김 집사님은 어찌해야 할 바를 모르고 무척이나 불안하고 당황하셨던 것이다.

사실 착하고 말 잘 듣던 아이가 사춘기를 지나면서 갑자기 폭군처럼 변하는 것은 드문 일은 아니다. 그렇다고 해서 그것이 정상적인 발달 과정이라는 것은 또 아니다. 사춘기를 지나면서 아이들은 이전과는 다른 모습을 보이고 다소 정서적으로 불안정하고 공격적으로 변하기도 하지만 김 집사님 아들처럼 심각하다면 정상적인 것은 아니라고 할 수 있다.

자식이 이렇게 갑자기 180도 변하게 되면 깜짝 놀라고 좌절한 부모는 가장 먼저 그 원인을 찾고자 애를 쓴다. 주로 생각하는 원인은 나쁜 친구의 영향력, 학업과 진로 스트레스, 학교 폭력이나 왕따 등의 충격적 사건 혹은 악령이나 사탄의 역사 등이다. 실제로 부모가 의심하는 이런 원인으로 인해 아이가 갑자기 변할 수도 있겠지만, 대부분의 경우는 그렇지 않다. 많은 경우 원인은 부모에 대한 분노이다.

그런데 부모는 그걸 전혀 생각하지 못한다. 그럴 리가 없다는 것이다. 부모가 재벌은 아니어도 자식을 위해 최선을 다했고 부모의 삶을 희생하면서까지 부족함 없이 키우고 있는데 부모에 대한 분노가 이런 사태의 원인이라니 … .

하지만 부인하고 싶은 이 원인이 사실인 경우가 참 많다. 그게 아니라면 나쁜 친구, 스트레스, 충격적 사건 어느 것이라도 대부분 부모에게 어려움을 털어놓고 도움을 요청했을 것이다. 부모와의 소통이 완전히 단절된 지금 상황은 그 원인이 부모에 대한 분노에 있는 경우가 많다.

우리 상담소에서는 이런 어려움을 호소하는 부모와 상담할 때 주로 교육을 한다. 가장 첫 번째 넘어야 할 관문은 부모가 이 문제의 원인이 부모에 대한 분노라는 것을 인정하고 받아들이는 것이다. 인정하지 않으면 도움을 받을 수도 없기 때문이다. 문제의 원인을 인정한 후에는 그럼 무엇 때문에 부모에게 분노했는지를 찾아야 한다.

답은 분명하다. 상처이다. 부모로부터 받은 상처가 쌓이고 쌓여, 마치 가랑비에 옷이 젖듯이 아이가 십 대에 이르게 되었을 때 상당히 두껍게 형성이 된 것이다. 아이에게 상처주는 부모가 갑자기 상처를 주지는 않는다.

아마도 아이가 어렸을 때부터 자주 상처를 주었을 것이지만, 아이가 어릴 때는 힘도 없고 부모를 판단할 인지능력도 되지 않기 때문에 그저 상처주는 대로 참고 있었을 것이다.

그게 바로 착하고 순한 모습이었다. 하지만 사춘기가 되면서 아이는 이제 판단하게 된 것이다. 그리고 그동안 쌓이고 쌓인 상처 위에 부모가 또다시 같은 상처를 주게 되면 분노와 폭력으로 반응하기 시작한다. 그리고 부모와의 단절을 더욱 확실히 하기 위해 무언가로 도피해 버린다. 주로 컴퓨터와 핸드폰이 그 대상이다. 혹은 술이나 마약, 가출과 탈선이다.

자녀는 부모의 것이 아니다. 하나님께서 잘 키워 달라고 부모에게 부탁하신 하나님의 소유이다. 물론 일부러 자녀에게 상처를 주려고 하는 부모는 거의 없다. 나름대로 잘 키우려고 노력하지만 잘 키우는 방법을 알지 못하면 그리고 부모 중심으로 자녀를 키우게 되면 자녀는 자라면서 부모로부터 상처를 받게 되기도 한다.

따라서 김 집사님은 아들이 무엇 때문에 부모에게 상처받는지를 알아야 아들과의 관계를 회복할 수 있다. 대부분의 아이가 부모로부터 상처를 받게 되는 이유는 신체적 학대뿐 아니라 냉정한 말투, 빈정거림, 형제나 다른 아이와의 비교, 지나치게 높은 기대, 편애, 지나친 간섭, 자녀에 대한 불신 등이다.

그리고 이 같은 일이 어쩌다 한 번 있는 일이 아니라 매일 반복된다면 아이들이 받는 상처는 점점 커질 수밖에 없고 사춘기가 되면서 이 상처는 분노로 폭발하게 된다.

2.
분노하는 자녀를 가진 부모가 명심해야 할 것

착하고 순하던 아이가 갑자기 폭력적으로 변했다면, 아이의 분노는 상당히 오랫동안 쌓여 온 것으로 볼 수 있다. 아이의 분노 원인이 부모에게서 받은 상처라는 것을 인정하기는 무척 어렵지만, 이것을 인정하지 않으면 변화도 어렵다. 아이들은 부모와의 관계에서 상호적이라기보다는 상당히 수동적이다.

즉, 부모가 주는 대로 받는 것이다. 부모가 상처를 주면 주는 대로 그냥 받는다. 그 상처가 쌓이고 쌓이다 보면 분노로 폭발하게 되고, 인터넷이나 다른 것에 중독적으로 빠지기도 한다.

그렇다면 관계의 회복은 어떻게 해야 할까?

마찬가지로 부모가 먼저 다가가서 이 매듭을 풀어야 한다. 아이들은 수동적이기 때문에 부모가 먼저 다가가지 않으면 다가오지 않는다. 그러면 관계 회복은 어렵다. 점점 더 갈등의 골만 깊어지다가 아이가 성인이 되면 완전히 부모와 관계를 단절해 버리는 경우도 종종 있다.

안타까운 것은 이 모든 것이 부모가 준 상처 때문이지만 부모는 그 사실을 알지 못한다는 것이다. 그렇기 때문에 성장하는 동안 이 문제를 해결할 기회를 놓쳐 버리고 마는 것이다.

아이들은 어떤 부모에게서 상처받을까?

냉정하고 엄격하며 가족에게 함부로 하는 무섭고 폭력적인 부모에게서 상처받기도 하고, 형제자매 사이에서 편애하는 부모 그리고 과도하게 높은 기대를 하는 부모에게서 상처받기도 한다. 혹은 교회에서는 모범적이고 존경받는 모습이지만 가정에서는 전혀 다른 이중적인 부모에게서도 상처받는다. 끝없이 잔소리하고 간섭하고 자녀 대신 모든 것을 결정해 주는 통제적 부모에게서도 상처받는다.

부모 입장에서는 이 모든 것이 '자녀를 위해'라고 말하고 싶겠지만, 폭력적이며 일방적이고 강압적인 '자녀를 위함'은 오히려 상처가 될 수 있다. 그리고 많은 부모가 자녀가 자기와 같을 것이라고 착각하고 이렇게 말하기도 한다.

"나도 어릴 때 그렇게 살았다. 나는 이것보다 더 심한 상태에서 자랐지만, 그래도 나는 저렇게 행동하지 않았다."

그러나 자녀는 부모의 분신이 아니다. 부모는 강하게 자랐어도, 자녀 중에는 정신적으로 약하거나 다르게 반응하는 아이들이 있는 게 당연한 거다.

그럼, 관계를 회복하기 위해 부모는 어떻게 하면 좋을까?

먼저, 부모가 잘못했다는 것을 솔직히 인정하고 이것을 자녀에게 말해야 한다. 바로 '사과'를 해야 하는 것이다. 그렇지만 한국 부모에게는 이것이 참 어려운 것 같다. 사과하는 건 체면이 깎이고 부모로서의 권위가 땅에 떨어지는 것으로 생각한다.

그리고 더러는 부모가 사과할 일이 아니며 저렇게 엇나가는 자녀가 사과해야 한다고 목소리를 높일지도 모른다. 그러나 엉망진창으로 꼬여버린 부모-자녀 관계를 풀 수 있는 시작점은 바로 부모의 사과이다. 부모가 먼저 손 내밀지 않으면 이 관계는 이 상태로 굳어져 버릴 수도 있고 심지어 악화될 수도 있다. 화해의 열쇠는 부모에게 있다.

그러나 비록 부모가 어렵게 결심해서 사과해도 부모에게서 오랫동안 받은 상처로 마음이 닫히고 분노가 가득한 자녀는 부모의 사과를 쉽게 받아들이지 못한다. 부모의 사과가 진정성이 없다고 생각하다 보니 부모는 사과를 했지만, 자녀는 사과를 제대로 받은 적이 없다고 여긴다.

그러니 이렇다는 것을 알고, 부모는 자녀의 마음이 열릴 때까지 끝없이 사과해야 한다. 부모는 '이 정도 사과했으면 됐겠지'라고 생각해도 자녀는 '부모님은 한 번도 사과한 적이 없어'라고 생각할 것이다.

그러면 어떻게 해야 할까?

부모는 자녀가 사과를 받아줄 수 있을 때까지 계속해서 사과해야 한다. '내가 뭘 그렇게 잘못했다고, 다 저 잘되라고 그런 거지'라고 주장한다면 자녀와의 관계 회복은 어렵다. 앞에서 말했듯이 자녀는 부모와의 관계에서 수동적이다. 부모가 충분히 사과하지 않으면 관계 회복이 안 된다.

부모가 먼저 손을 내밀고 다가가야 한다. 나는 우리 상담소에 오는 부모에게 이렇게 가르친다. 사과하되 진심으로 하고, 최소 천 번을 하시라고. 그래서 부모가 열 번 사과했다고 하면 "이제 구백구십 번 남았네요"라고 말해 준다. 천 번은 해야 자녀는 부모가 사과했다고 생각한다. 딱 한 번 사과해 놓고는 아이가 무시한다고 짜증내는 부모를 보면 꼭 천 번 사과의 규칙을 알려드린다.

또한, 사과함과 동시에 부모는 실제로 행동의 변화를 보여주어야 한다. 그동안 아이에게 상처주었던 행동을 멈춰야 한다. 지나치게 높은 기대를 강요했다면 모든 기대를 다 내려놓고 아이를 신뢰해야 한다. 모든 일을 간섭하고 자녀 대신 모든 결정을 다 해 주었다면 이제 자녀의 결정을 존중하고 자녀를 위해 내가 대신 뭔가를 해 주고 싶은 마음을 냉정하게 버려야 한다. 냉정하고 엄격했다면 최대한 따뜻하고 수용적으로 대하도록 노력해야 한다.

자녀는 항상 부모를 관찰하고 있다. 노력하고 있는지 어떤지. 부모의 노력하는 모습을 보게 된다면 그제서야 자녀는 부모의 사과가 진정성이 있다고 믿게 될 것이다. 행동의 변화가 없다면 천 번을 사과해도 아이는 부모의 사과가 위선적이고 가식적인 것이라 생각하고 갈등의 골은 더 심해질 것이다.

하루 종일 핸드폰만 하고 그걸 못하게 하면 폭력적으로 나오는 아이를 강제로 고치려고 하면 문제 해결은 안 되고 오히려 관계만 더 망친다. 부모가 먼저 아이에게 다가가고 사과하고 행동을 변화시켜야 한다. 하나님과 함께하는 상담은 이런 부모를 만나면 자녀의 폭력과 중독의 원인이 되는 분노에 대해 그리고 그 분노의 원인이 되는 부모가 준 상처에 대해 교육한다.

그래서 부모가 자기 잘못을 인정하도록 안내하고 하나님께 회개하면서 자녀를 하나님께 맡길 수 있도록 격려한다. 자녀에게 어떻게 다가가면 좋을지 주님께 지혜를 구하면서 함께 상의한다. 그리고 몇 가지 방법을 한 주간 꼭 실천하도록 과제도 내준다. 상처가 오래된 만큼 치유와 회복의 과정도 오래 걸린다. 그 기간 동안 고통스럽더라도 부모가 실망하거나 좌절하지 않도록 계속해서 격려해 준다. 상처받은 자녀의 마음에까지 닿을 수 있도록.

3.
해결되지 않은 상처의 대물림

   김 자매님은 다섯 살, 세 살 된 두 아들을 키우고 있는 삼십 대의 주부이다. 상담실을 찾은 이유는 요즘 활동이 많아진 다섯 살짜리 아들에게 본인이 너무 심하게 하는 것 같아 걱정된다는 것이었다.

   아이가 밥을 흘리거나 장난감 정리를 안 하는 등 조금만 잘못하면 큰 소리로 고함을 지르면서 혼을 내키고 욕을 하고 때릴 때도 있다는 것이다. 그러고 나면 이렇게까지 혼낼 일이 아니었는데, 하는 후회가 밀려오고, 울고 있는 아이를 보면 미안함과 죄책감으로 괴롭다고 했다.

   이런 자신을 변화시켜 달라고 간절히 기도하고 있지만, 막상 아이가 뭔가 실수를 하는 상황이 되면 자기도 모르게 버럭 소리를 지르고 후회할 행동을 한다고 한다. 그래서 이런 일이 요즘 계속해서 반복되고 스스로 조절할 수 없다는 절망감에 상담받아야겠다고 결심했다는 것이었다.

김 자매님처럼 상담실을 찾는 분들은 마음에 큰 짐을 지고 걱정과 불안이 가득한 상태로 오신다. 이런 상황에서 상담사가 따뜻하게 수용해 주고 그분의 이야기를 잘 경청해 주면서, 그분이 처한 상황이 얼마나 힘든지 공감해 주면, 상담받는 분은 마음에 큰 위로를 얻게 되고 안심할 수 있으며, 무엇보다 앞으로는 변화가 가능할 수도 있을 것이라는 희망을 가질 수 있게 된다.

그러나 상담소를 찾기 전까지는 어쩌면 아무도 자신을 이해하지 못할 거라 자신을 이해하지 못할 거라 생각하고 어느 누구에게도 이런 말을 솔직하게 하지 못했을 것이다. 또한 외롭고 불안하고 무서웠을 것이다. 그런데 이렇게 자기 편이 되어 주는 따뜻한 누군가를 만나 이야기를 나눌 기회를 가질 수 있다는 것 자체가 치유의 시작이다.

부모-자녀 관계는 참 미묘한 역동의 관계이다. 내가 내 자녀의 어떤 점이 특별히 거슬리고 그것이 나의 분노를 자극한다면, 거기에는 원인이 있다. 그리고 아마도 그 원인은 나와 내 부모와의 관계에 뿌리가 있을 가능성이 크다. 그래서 이런 사연의 상담에서는 부모와의 관계를 탐색하는 데 많은 시간을 들인다.

현재 문제가 되는 행동의 원인을 찾아 그 원인을 해결해야 문제가 근본적으로 해결될 수 있다는 믿음 때문이다. 성인의 행동에 대한 원인을 어린 시절 가정 환경에서 찾는 것은 고전적인 정신분석에 바탕을 둔다. 정신분석 이론은 많은 심리학자의 비판을 받아 왔지만, 그럼에도 불구하고 어린 시절 경험한 가정 환경의 영향력에 대해서는 아직도 광범위하게 인정되고 있는 부분이다.

김 자매님의 현재 행동과 과거 원인 사이의 연결을 만들기 위해 상담사는 적절한 질문을 통해 대화를 끌고 나간다.

"아들의 어떤 행동이 특별히 화가 나나요?"
"아들이 그런 행동을 할 때 걱정되는 결과는 무엇인가요?"
"본인에게도 그런 일이 있었던 적이 있나요?"
"아들의 행동이 연상시키는 어떤 사건이 있나요?"

이런 대화를 통해 알게 된 것은 김 자매님의 어머니가 자매님의 오빠에게는 한없이 관대하고 모든 것을 허용한 반면, 김 자매님에게는 아주 엄격하고 냉정한 분이었다는 것이었다. 어려서부터 김 자매님은 항상 주눅들어 있었고 엄마의 눈치를 보며 숨죽이고 살았다.

조금이라도 실수하면 엄마는 불같이 화를 냈고, 그런 날이면 놀란 가슴이 두근거려서 잠을 설치곤 했다. 그래서 절대 실수하지 않으려고 아주 조심하며 살았다. 지금 와서 생각해 보면 아들이 귀한 집에서 아들을 편애한 것은 이해할 수 있는 부분이기도 했고, 딸이 바르게 잘 자라 남들에게 부끄럽지 않은 어른이 되기를 바라는 마음이었을 것으로 생각할 수도 있을 것 같다고 했다.

하지만 그렇게 이해하려고 애쓰는 것과는 별개로 김 자매님 마음속에는 여전히 커다란 상처가 그대로 있었다.

아들이 아니어서 모자란 아이라는 것을 일깨워 주는 엄마의 편애, 엄마한테 혼나는 게 너무 무서워서 숨도 크게 쉬지 못한 세월이 만들어 낸 소심함 그리고 모자란 아이로 느끼는 낮은 자존감과 열등감이 김 자매님을 힘들게 했다.

그리고 그 힘들었던 기억은 자기 아들이 사소한 실수를 하게 되는 순간, 과거 실수하던 어린 자신에게 불같이 화를 내던 엄마의 모습과 스스로를 비난하는 자기 모습이 자동으로 겹치면서 자기도 모르게 아이에게 불같이 화를 내게 되는 것이다.

결국 사소한 실수를 하는 아들을 보면서 김 자매님은 엄마 앞에서 실수하는 자기자신의 모습을 본 것이고, 그런 실수를 하는 못난 자신이 너무 미웠던 것이다. 그래서 컵의 물을 쏟는 아이를 보면서 그 아이가 너무 밉고 그 아이 때문에 너무 화가 난 것이다. 사실 미운 건 아들이 아니라 어린 시절 실수해서 또 혼날 일을 만들던 자신인 것이다.

이런 가족의 역동을 인식하게 되는 것만으로도 상당히 도움이 된다. 김 자매님은 이런 이야기를 나누면서 눈물을 많이 흘렸다. 하지만 눈물을 많이 흘리는 것이 곧 치유는 아니다. 상담에서는 더 많은 치유 작업이 이루어져야 한다.

4. 치유로 가는 여정의 준비

　어린 시절 엄마로부터 받은 상처는 그대로 김 자매의 마음속에 생생하게 살아있다. 세월이 흐른다고 기억에서 가물가물해졌다고 없어지는 것이 아니다.

그럼, 이걸 어떻게 해야 할까?
엄마한테 가서 그 옛날 어린 나한테 왜 그렇게 심하게 했냐고 따지고, 엄마가 김 자매에게 했던 그대로, 엄마를 비난하고 엄마에게 소리 지르면서 화를 내면 괜찮아질까?
늙어서 힘없어진 엄마에게 냉정하고 야멸차게 대하고 무시하면서, 자기가 당한 만큼 복수를 하면 나아질까?
혹시라도 엄마가 자기의 행동을 인정하고 뉘우쳐서, 김 자매에게 그때 미안했노라고 사과한다면 김 자매 마음의 상처가 치유될까?

엄마가 몹쓸 병에 걸려 오랫동안 고생하다 돌아가시면, 나한테 잘못한 데에 대한 벌이니 쌤통이라고 생각하면 마음의 상처가 다 씻겨질까?

기독교인인 김 자매가—마치 영화〈밀양〉에서처럼—기독교인으로서 마땅히 행할 바인 '용서'를 하겠다고 결심하고 선언하면 그 상처가 사라질까?

"I hope so, but NO."(그러길 바라지만 아니다.)

이 모든 질문에 대한 대답이다. 상처의 치유는 어떤 행동을 함으로써, 혹은 어떤 환경의 변화로 일어나지 않는다.

상처를 준 건 엄마지만, 그 상처를 치유할 수 있는 건 엄마가 아니다. 엄마의 사과도, 고통도, 심지어 죽음도 김 자매의 상처를 치유하진 못한다. 김 자매의 복수도, 외면도, 혹은 용서도, 상처의 아픔을 잠시 누그러뜨릴 수는 있지만, 상처의 치유는 아니다. 치유가 아니기 때문에 잠시 누그러졌던 고통은 시간이 지나면 다시 살아난다.

그런데도 우리는 안타깝게도 위에 나열된 것들을 하느라 많은 시간과 에너지를 소모한다. 그렇게 하면 마음의 상처가 치유될 것이라는 근거 없는—그리고 틀린—믿음 때문이다.

평생 나에게 상처 준 사람에게 복수하려고 인생을 다 허비했지만 그럼에도 불구하고 시간이 흘러 노년을 맞이한 때에도 여전히 그대로인 상처를 발견하고는 절망에 빠지는 경우도 종종 있다. 이게 방법이 아닌데, 공연히 인생을 엉뚱하게 복수하는 데 쓰느라 더 행복한 삶을 살 기회를 다 흘려버린 것이다.

그럼, 김 자매의 상처를 치유할 수 있는 건 누구일까?

물론, 나는 하나님의 치유 능력을 믿는다. 하지만 이 질문에 '하나님'이라고 단순하게 답해 버리지는 말자. 상처를 치유할 수 있는 분은 오직 하나님이라고 답을 해 버리면 우리가 할 수 있는 것이 아무것도 없게 된다.

비유를 들자면, 우리를 먹이시는 분이 하나님이신 것은 분명하지만, 그렇다고 해서 나 자신이 두 손 놓고 있으면 나는 굶어 죽는다. 내가 숟가락을 들고 밥을 퍼먹어야 하는 것이다. 그래도 나를 먹이시는 분이 하나님이라고 나는 고백하고 믿는다.

같은 이치이다. 치유 능력은 하나님으로부터 오지만, 김 자매를 치유하기 위한 구체적인 치유 작업은 누군가가 해야 한다. 그리고 김 자매의 상처를 치유할 수 있는 사람은 딱 한 사람, 바로 김 자매 자신이다.

그리고 그렇게 할 수 있는 능력을 하나님은 김 자매에게 이미 주셨고 계속 주실 것이다. 하나님과 함께하는 상담자는 김 자매가 자신의 상처를 돌아보고 그 아픔을 치유할 수 있도록 길을 안내해 주는 역할을 하게 된다.

본격적인 치유 작업에 들어가기 전에 상담자는 김 자매가 마음의 준비를 할 수 있도록 도와줘야 한다. 이 준비 작업에서 가장 중요한 것은 김 자매와 상담자가 서로를 신뢰할 수 있는 관계를 만드는 것이다. 상담자에게 자신의 가장 아프고 수치스러운 부분까지 말할 수 있으려면 그리고 치유 과정에서 상담자를 의지하면서 잘 따라가려면, 상담자에 대한 신뢰가 필수적이다.

이를 위해 상담자는 김 자매의 말을 따뜻하게 들어주고, 수용과 공감으로 반응해 준다. 관계 형성에는 시간이 걸리므로 상담자는 상담 초기부터 조급하지 않게 차근차근 관계를 만들어 나간다. 이 과정에서 김 자매는 아픔을 이야기하고, 속에 있는 감정을 거르지 않고 다 표현한다. 사실 상담의 첫 몇 번은 이렇게 관계를 만들기 위한 시간이다.

이런 신뢰하는 치료 관계를 형성하는 과정에서 김 자매는 몇 가지의 긍정적인 경험을 한다. 아무에게도 말하지 못해서 가슴에 응어리진 사연을 말로 풀어내면서 아픈 기억을 다시 마주하게 된다. 그리고 이에 따른 부정적 감정을 마음껏 표현하면서 억압된 감정이 해방되며 느끼는 시원함을 경험할 수 있다(심리학적 용어로 '카타르시스'라고 한다).

자신의 이야기를 경청해 주고 무조건 자기 편이 되어 주는 사람이 존재한다는 것도 김 자매에는 새로운 경험이다. 이런 과정에서 김 자매의 내면에 조금씩 에너지가 생기게 된다. 이렇게 내적인 힘이 어느 정도 생겨야 그다음의 본격적인 치료 작업을 할 수 있다.

내면의 상처 치유

어린 시절부터 계속된 상처의 기억은 우리의 뇌 속 깊은 곳에 저장되어 있다. 그곳은 우리의 이성적, 언어적 기능을 하는 뇌 영역이 접근하기 전에 자동으로 활성화되어 시시때때로 우리의 마음을 지배하곤 한다. 우리 뇌 깊은 곳에 저장된 그 기억은 상처받았을 당시에 느꼈던 무서움, 아픔, 불안, 슬픔, 막막함을 생생하게 그대로 간직하고 있다.

김 자매 역시 그렇다. 그래서 실수하는 아들을 볼 때면 김 자매 뇌 속 깊이 저장되었던 실수해서 혼나던 자신의 어린 시절의 기억이 생생하게 살아나고 자기도 모르게 아들에게 과민하게 반응을 하게 된다.

따라서 치유를 위해 김 자매 뇌 속 깊은 곳에 저장된 이 기억을 끄집어내고 그 기억 속의 시간으로 돌아가 그때 고통스러워했던 어린 김 자매를 위로해 주는 작업이 꼭 필요하다.

가장 쉽게 할 수 있는 방법은 방해받지 않는 조용한 곳에서 김 자매가 혼자 혹은 상담자와 함께 김 자매 내면에 저장된 그 기억을 떠올리며 집중해 보는 것이다. 산만해지지 않도록 눈을 감고 편안한 자세로 집중하면 더 좋다. 눈을 감고 가장 무섭고 불안하고 힘들었던 기억을 떠올려 본다.

그 기억에 집중하고 있으면 아마도 그 당시 어린 김 자매가 느꼈던 감정도 다시 살아서 올라올 것이다. 하지만 침착하게 심호흡하면서 그때 어린 김 자매에게 지금 삼십 대의 성인인 김 자매가 마음속에서 다가가 위로를 해 준다. 그때 필요했던 것을 지금 해 주는 것이다.

안아 줄 수도 있고 학대하는 엄마로부터 지켜줄 수도 있다. 엄마가 저렇게 하는 것은 잘못된 거라고 엄마에게 호통을 칠 수도 있고, 네가 잘못해서 그러는 게 아니라고 어린 김 자매에게 위로하는 말을 해 줄 수도 있다.

이런 일은 네가 어릴 때는 너에게 힘이 없어서 종종 생겼지만, 이제는 내가 성인이고 그런 일이 생기지 않게 막을 수 있을 거라고, 그러니 그런 일은 이제는 생기지 않을 거라고, 내가 그러지 않게 너를 지켜줄 거라고, 어린 김 자매에게 확신 있게 약속해 줄 수도 있다. 이런 방법을 통해 기억 속에서 늘 불안하고 공포에 떨고 있었던 그 어린 김 자매를 편안하게 해 줄 수 있다.

놀라운 것은 이것이 실제 벌어진 일이 아니라 단지 성인이 된 김 자매의 마음속에서 30분 정도의 시간 동안 일어난 일임에도 불구하고 김 자매의 뇌 깊은 곳에 저장되었던 힘들고 고통스러웠던 상처의 기억은 이제 더 이상 아프지 않게 된다는 것이다. 이것은 김 자매 뇌의 한 부분이 뇌의 다른 부분을 만져서 생겨나는 실제적인 치유이다.

앞에서 김 자매의 상처를 치유할 수 있는 것은 오직 한 사람, 김 자매 자신밖에 없다고 했었다. 다시 말하면, 김 자매가 어린 시절에 받았던 상처의 기억은 지금 성인이 된 김 자매가 그때의 기억 속으로 들어가 그때의 어린 자신을 위로하고 돌보고 지켜주고 안심시켜 줄 때 비로소 치유가 될 수 있다.

하나님과 함께하는 상담자가 할 일은 김 자매에게 이런 사실을 가르쳐 주고, 김 자매가 기억 속의 자신을 만날 수 있도록 길을 안내해 주는 것이다.

앞에서 용서의 주제에 대해 언급한 적이 있는데, 김 자매 역시 용서라는 주제를 가지고 왔다. 종종 기독교인인 상담자와 내담자가 만나서 상담하게 될 때 용서라는 무거운 주제가 나오는 경우가 있다. 믿음이 좋은 내담자는 자기에게 상처를 준 사람을 용서하는 것이 기독교인으로서 자신의 책임이고 의무라고 생각한다.

그런데 용서가 안 되는 것을 발견할 때 그로 인해 더 죄책감을 느끼곤 한다. 때때로 믿음이 좋은 상담자도 내담자에게 "일흔 번씩 일곱 번", "우리가 우리 죄를 사하여 준 것 같이" 혹은 "백 데나리온 빚을 탕감받은 자의 비유" 등을 언급하면서 용서해야 한다고 권유하기도 한다.

하지만 용서는 치유 과정의 일부이다. 즉, 내담자 마음의 상처가 어느 정도 치유가 되면 그 후에 자연스럽게 용서할 힘이 생기고, 자기 의지로 많이 노력하지 않아도 서서히 용서되기 시작한다.

치유가 아직 일어나지 않았는데 너무 성급하게 용서하려고 하면 영화 〈밀양〉처럼 상처받은 사람을 두 번 죽이는 셈이 된다. 그러므로 하나님과 함께하는 상담자는 용서가 하나님의 뜻이며 아주 중요한 것이라는 것을 인정함과 동시에 용서의 적절한 타이밍을 충분히 고려한다.

내담자가 먼저 용서 이야기를 꺼내도 "당신의 용서하고자 하는 마음은 하나님이 이미 아실 것입니다. 당신은 결국 그 사람을 용서할 것입니다. 하지만 서두르지 맙시다. 지금이 아니라 나중에 용서해도 됩니다. 지금은 먼저 당신 마음의 아픔에 집중하고 좀 더 있다가 용서를 생각합시다"라고 그 속도를 조절한다.

김 자매 역시 매일 엄마를 용서하게 해 달라고 울부짖으며 기도하지만, 순간순간 엄마에 대한 분노가 치밀어 오름을 느끼고, 그럴 때마다 용서하지 못하는 자신에 대해 회개하는 끊임없는 악순환을 반복할 필요가 없다.

가장 급한 것은 김 자매가 침착하고 편안하게 그 마음속에서 아직도 무서워 떨고 있는 어린 김 자매를 안아 주고 위로해 주고 안심시켜 주는 일이다. 그 일이 충분히 이루어지면, 그렇게 많이 노력하지 않아도 용서는 저절로 일어나게 될 것이다.

6. 자해하는 십 대 소녀

이제 막 중학생이 된 안나(가명) 양은 학교 담임 선생님의 권유로 엄마와 함께 상담실을 찾았다. 선생님은 안나 양의 팔과 허벅지에 있는 무수한 상처를 보고 안나 양에게 뭔가 심각한 일이 벌어지고 있다고 의심했지만, 안나 양은 입을 굳게 다물고 아무 말을 하지 않았다.

걱정이 되었던 선생님은 안나 양에게 반드시 상담받으라고 강하게 권유하셨고, 안나 양은 엄마 손에 이끌려 상담실로 온 것이다.

상담실에서도 안나 양은 말이 없었다. 안나 양의 보호자로 동행한 엄마는 상담자에게 안나 양이 어렸을 때부터 얼마나 손이 많이 가고 자신을 힘들게 했는지 푸념을 늘어놓았다. 가만히 있으면 중간이라도 가는데 안나 양은 항상 사고를 치고 일을 꼬이게 만들어서 자기가 몇 배는 더 힘들다는 것이었다.

하지만 자기는 안나 양을 주님이 주신 십자가로 여기고 잘 감당해 보려 하고, 안나 양을 위해 특별히 금식기도를 한 적도 많았다고 한다. 이런 말을 하면서 엄마는 눈물까지 살짝 비쳤다. 이 상담도 담임 선생님 전화를 받고 자기가 전화를 걸어 예약하고 안나 양을 설득해서 여기까지 데려왔다는 것이다.

미성년자가 상담받으러 올 때 보통은 보호자가 동행한다. 보호자는 간단히 상담에 대한 안내를 받고, 미성년자를 대신해서 동의서에 사인한 후에 상담실 밖으로 나가서 상담이 끝날 때까지 기다린다. 그런데 안나 양 엄마는 마치 자기가 상담받으러 온 사람인 양 이야기가 끝날 줄을 몰랐다.

여기서부터 상담자는 벌써 이 엄마가 얼마나 강한 사람인지, 얼마나 자기중심적인 사람인지 그리고 모든 주변 환경과 시간과 사람들을 자기가 원하는 대로 통제하려 하는 사람인지 어느 정도 느낄 수 있다. 그리고 이런 엄마와 십수 년을 함께 산, 그것도 절대적 약자로 함께 산 안나 양이 얼마나 무거운 압박을 느꼈을지, 안나 양과 말 한마디 해 보기 전에도 이미 짐작할 수 있다.

보호자가 알아서 자리를 뜨지 않으면, 상담자가 내보낼 수밖에 없다.

"어머니, 이제 안나 양과 대화를 좀 나눌 테니, 어머님은 대기실에서 기다리시면 됩니다."

문을 열며 밖으로 안내하자 마지못해 상담실을 나가면서 엄마는 안나 양을 한번 쏘아본다.

상담자와 단둘이 남아도 안나 양의 입은 쉽게 떨어지지 않는다. 상담자가 진땀을 흘리며 이런저런 질문을 해서 안나 양과 대화를 이끌어가려 하지만 안나 양은 고개를 푹 숙인 채 "모르겠어요"라는 답변 외에는 말이 없다.

내담자가 이렇게 상담에 비협조적이면 상담자는 무척 힘이 든다. 내담자가 협조적이어도 인간 마음을 탐색하고 치료한다는 게 쉽지 않은 일인데, 이렇게 벽을 보고 상담하는 것 같은 상황이면 상담자는 어떻게 해야 할지 당황한다.

할 수 없이 상담자는 첫 상담 시간에 반드시 해야 하는 몇 가지 질문과 정보 수집용 질문들을 하고 안나 양은 예/아니오 답변을 하면서 간신히 시간을 채워 본다.

첫 상담에서 반드시 해야 하는 질문 중 하나는 내담자의 안전과 관련된 질문이다. 즉, 혹시 지금 자살을 생각하고 있는지, 최근 자해를 한 적이 있는지 묻는 것이다. 이 질문에 안나 양은 묵묵부답이다가 모기 소리처럼 말한다.

"지금은 자살 생각은 안 해요."

이 답변은 참 의미심장한 말이다. 그리고 상담자는 이 답변과 관련해서 몇 가지의 후속 질문을 반드시 해야 한다. 일단, 지금은 자살 생각을 안 한다는 것 자체는 좋다. 그러나 지금은 안 한다는 말은 이전에는 했다는 말이다. 거기에 대해 물어야 한다. 가장 최근에 자살을 생각한 게 언제였는지, 그때 무슨 일이 있었는지, 실제로 자살 시도를 했는지, 자살 생각을 그 이전에도 했었는지, 얼마나 자주, 얼마나 심각하게 했었는지, 어떤 방법으로 자살할 생각이었는지 등의 질문이다.

또한, 안나 양의 선생님이 처음 심각하게 생각했던 팔과 허벅지의 상처도 확인해야 한다. 그 상처는 누가, 어쩌다가 낸 것인지. 긴 소매와 긴 바지를 입었기 때문에 상처는 보이지 않았지만, 상담자는 그 상처에 대해 직접적으로 질문을 했고, 안나 양은 어쩔 줄 몰라 하다가 겨우 내뱉었다.

"그건 제가 그런 거예요."

이렇게 말하는 안나 양의 두 눈에서 눈물이 주룩 떨어진다. 분명 무슨 사연이 있는 것이다.

내담자가 자해를 할 때에는 이유가 있다. 대부분 무척이나 고통스러워서 그 고통을 잊고자 자해하는 경우가 많다. 상담자는 내담자가 그 고통에 대해 이야기 할 수 있도록 가장 편안하고 안전하며 수용적인 분위기를 만들어 주어야 한다.

이를 위해 상담자 말의 어조와 목소리, 표정, 깊은 호흡, 따뜻한 눈빛 등도 중요하다. 그리고 친절하고 따뜻하게 물어봐 준다.

"왜 그렇게 했는지 말해 줄 수 있어요?"

안나 양의 자해는 주로 엄마에게 크게 혼이 났을 때 일어났다. 엄마는 화가 날 때마다 큰 소리로 얼마나 안나 양이 바보 같은지를 조목조목 이야기했는데, 그럴 때마다 안나 양은 자기 방으로 들어와 자해를 하곤 했다고 한다.

이런 일은 무척이나 마음 아프고 안타까운 일이지만 드문 일은 아니다. 아마도 많은 부모(특히 어머니)가 자기 자식이 이런다는 것을 꿈에도 생각하지 못할 것이다. 하지만 상담소에서는 종종 접하게 되는 일이다.

안나 양이 눈물을 흘리면서 상담사에게 한 말은 이것이었다.

"나는 왜 이렇게 엄마가 힘든지 모르겠어요. 아무리 노력해도 나는 엄마 마음에는 들 수가 없어요 … "

상담자는 안나 양에게서 엄마에 대해 많은 이야기를 들었다. 그리고 그동안 엄마에게 인정받고 사랑받기 위해 부지런히 애쓰고 노력한 안나 양을 격려하고 위로해 주었다.

7. 자기애적 어머니

이 세상에는 많은 훌륭한 어머니가 있다. 자식을 위해 헌신하고 희생하시며, 바르고 모범이 되어 주시는 그리고 따뜻하게 안아 주시고 무조건적인 사랑을 자녀에게 주시는 그런 어머니.

그런데 모든 어머니가 다 그런 것은 아니다. 이상하게도 우리에게는 어머니의 사랑, 모성애에 대한 과도한 환상이 있다. 어머니라면 다 그럴 것이라고 기대하는 이상형의 모습이다.

그러나 어머니도 죄성을 가진 인간이며 한계와 약점이 있다. 그래서 많은 어머니는 우리가 가지고 있는 이상적인 어머니에 미치지 못한다. 의도적이지는 않더라도 자녀에게 해를 끼치는 어머니도 많고, 심지어 아이를 사랑하지 않는 나쁘고 사악한 어머니도 있다.

이것이 우리의 현실이고 실존이다. 특히, 상담실에서 만나는 내담자에게 "그래도 당신 어머니는 당신을 사랑했을 거예요"라고 말하는 것은 금물이다. 자식을 사랑하지 않는 어머니도 분명히 있기에.

안나 양의 어머니와 같은 분들을 지칭하는 말이 있다. 바로 자기애적 어머니(Narcissistic Mother)다.

자기애적 어머니의 가장 큰 특징은 말 그대로 이 세상에서 자기가 가장 주목과 인정을 받아야 하고 자기가 주인공이 되어야 한다고 생각한다. 그렇기 때문에 뭐든지 자기 마음대로 해야 한다고 생각하는 것이다. 자기애적 어머니들은 대체로 공통적인 모습이 있다.

첫째, 절대로 자녀에게 공감해 주는 법이 없다.

자녀를 이해하지 못하고, 자녀가 힘든 이야기를 해도 자녀의 힘든 건 아무것도 아니라고 치부해 버리거나 '너보다는 내가 훨씬 더 힘들다'는 식으로 이야기한다.

둘째, 자녀에게 질투를 느끼고 자녀와 경쟁하려 한다.

마치 백설 공주의 계모처럼, 자녀보다 자기가 더 뛰어나다는 인정을 받고 싶어 한다. 그래서 자녀가 뭔가를 잘할 때 칭찬이 아니라 면박을 주고, 자녀에게 못한다는 말을 자주 함으로써 자존감을 짓밟는다.

그러면서도 어이없게 다른 사람 앞에서는 과도하게 자녀에 대한 칭찬과 자랑을 한다. 이때는 자녀가 경쟁자가 아니라 자기를 빛내 줄 수 있는 트로피가 되는 것이다. 즉, 자녀를 자기를 위해 이용한다.

셋째, 안 좋은 상황에 대해 자녀 잘못이라고 원망하고, 자녀의 감정을 억누르라고 한다.

자녀가 감정을 표현하면 거기에 대해 자기에 대한 도전이라 생각하고 과민하게 비난하는 경향이 있다. 그래서 자녀들은 자기들의 감정이 부적절한 것이라고 믿게 된다.

넷째, 매우 조건적인 사랑을 준다.

즉, 자기가 정한 기준에 자녀가 부합할 때만 사랑을 주고 그렇지 않을 때는 매우 차갑게 거부한다. 또한 자기가 자녀를 위해 뭔가 해 주게 되면 그것에 대한 대가나 보상을 반드시 받아 내려고 한다.

다섯째, 자녀와의 사이에 경계선이 없다.

자녀의 모든 것을 자기 마음대로 하려고 하고, 자녀를 하나의 독립적인 인격으로 인정하지 않는다.

대체로 자기애적 어머니들은 아주 강한 성격이고 뭐든 통제하려 하고 자기 뜻대로 되지 않으면 혹독하게 비난하고 벌을 준다. 이런 자기애적 어머니는 자신도 힘든 삶을 살아왔거나 본인의 어머니 역시 자기애적 어머니였을 가능성이 크다.

한국은 역사적으로 여성들이 힘들게 살아왔고 여성들의 한이 많은 문화라 그런지 한국 어머니 중에 이렇게 자기애적 어머니들이 많은 것 같다. 힘들고 고생을 많이 하고 억척스럽게 살아남은 어머니들이 자녀들을 마음대로 통제하려 하고 자기만 생각하는 자기애적 어머니들이 되기 쉽다.

물론 어머니의 삶이 힘들어 그렇게 되었겠지만, 그 자녀들은 수시로 변하는 엄마의 기준에 맞추느라 진이 다 빠지고, 늘 엄마의 눈치를 보며, 자존감과 자신감은 거의 없는 상태로 자라게 된다. 안나 양의 어머니가 바로 이런 어머니였다.

안나 양은 엄마의 기대에 부응하기 위해 열심히 공부하고 동생들을 돌보고 교회도 열심히 다녔다. 하지만 안나 양을 바라보는 엄마의 얼굴은 항상 차갑고, 못마땅하다는 표정이었다.

그리고 조금이라도 실수하게 되면 안나 양은 자기가 얼마나 형편없는 아이이고 자기 때문에 엄마가 얼마나 힘든지에 대해 한참 동안을 들어야 했다.

그러면서도 엄마는 교회에서 여러 가지 봉사와 활동을 하고 있었고, 안나 양에 대해 착하고 믿음 좋은 아이라고 자랑하고 다녔다. 안나 양은 자기에 대한 엄마의 진심이 무엇인지 혼란스러웠다.

그리고 엄마가 화날 때면 숨도 쉴 수가 없었고, 자기 방에 들어와서 울면서 자기도 모르게 스스로를 자해했다. 그렇게 하지 않으면 견딜 수가 없었다. 그런데 이번에 자해로 인한 상처를 선생님께 들키게 되면서 엄마도 알게 되었고, 엄마에게서 자해하는 미친 아이라는 말까지 듣게 되었다.

8. 문제 아이의 부모 상담

 자기애적 엄마의 정서적 학대로 인해 자존감이 낮아지고, 급기야 자해까지 하게 된 안나 양을 상담으로 돕기 위해 먼저 엄마와의 상담이 중요하다. 아동, 청소년 내담자와 상담할 때 그 보호자와도 몇 번을 상담하게 되는데 이 상담의 목적은 주로 보호자에 대한 교육이다.

 즉, 엄마에게 안나 양의 현재 상태를 잘 말씀드리고 이런 상황이 엄마의 자기애적 성향에 의해 만들어졌다는 것을 알 수 있도록 교육을 시키는 것이다. 사실 우리에게는 모두 자기애적인 성향이 어느 정도는 있다. 정도의 차이가 있을 뿐이다.

 물론 자기애적 성격 장애까지 가는 극단적인 경우에는 다른 사람의 말을 듣지 않고 오직 자기 기준으로만 생각하기 때문에 본인의 잘못을 인정하지 않는다. 하지만 대부분의 자기애적 성향을 가진 사람들은 잘 교육하면 알아듣고 스스로 고쳐 보려 노력하는 경우가 많다.

안나 양의 어머니도 후자이기를 바라면서 상담자는 가장 먼저 엄마와 진지하게 대화를 나눠야 한다. 안나 양의 현재 상태는 대부분 오랜 시간 동안 엄마에 의해 만들어진 것이기 때문에 엄마의 변화가 없이는 안나 양의 치유와 회복도 힘들다.

하지만 반대로 엄마가 상황을 인식하고 지금부터라도 안나 양을 위해 노력한다면 안나 양은 의외로 쉽게 회복될 수도 있다. 결국 열쇠는 엄마에게 있는 것이다.

아이들은 늘 부모를 바라보고 있다. 부모가 나를 어떻게 평가하는지, 부모에게 나는 어떤 존재인지, 나는 사랑받고 있는지, 항상 살핀다. 그 이유는 부모의 애정과 신뢰가 아이들에게는 생명처럼 중요하기 때문이다.

부모가 아이에게 잘못된 방식으로 양육해도 아이들은 그런 부모의 마음에 들기 위해 자신을 억누르고 아프게 하면서까지 부모의 기준에 맞추려고 노력한다.

그러다가 어느 시점에 이르면 아이들의 내면은 황폐하게 손상되고 힘없이 쓰러져 버린다. 그렇기 때문에 꼭 자기애적 부모가 아니더라도, 모든 부모에게 자녀를 정서적으로 안정적이고 건강하게 양육하는 방법을 교육하는 것은 매우 중요한 일이라 할 수 있다.

어머니를 교육하는 것과 함께 안나 양에게도 적절한 교육이 필요하다. 그리고 무엇보다 안나 양에게 가장 필요한 것은 "네 잘못이 아니라 엄마 잘못이었다"는 것을 강조하는 것이다. 안나 양이 모든 책임을 혼자 떠안고 스스로를 바닥까지 추락시키지 않도록 상황을 분명하게 볼 수 있게 해 주는 것이다.

이것은 '눈먼 자를 다시 보게 하는' 놀라운 치유의 효과가 있다. 모녀가 같은 교육을 받으면서 앞으로는 좀 더 성숙한 관계를 위해 상담자와 함께 노력하기로 하는 새로운 결단은 이 모녀의 삶을 완전히 변화시킬 수도 있다.

또한, 안나 양에게는 바닥까지 떨어진 자존감을 회복하기 위한 별도의 치료 작업이 필요하다. 자존감을 회복하기 위해 "너는 소중한 존재다", "너는 사랑받을 만한 사람이다"라는 듣기 좋은 말을 해 주는 것은 그다지 효과가 없다. 이미 그런 말들은 다 알고 있기 때문이다. 알고는 있지만 마음에 진정으로 다가오지 않는 미사여구이다.

안나 양처럼 자존감이 낮아진 사람에게는 듣기 좋은 말보다 가슴에 와닿을 수 있는 치료가 필요하다. 머리로는 알지만 가슴으로 느껴지지 않는 말들은 무의미하다.

여전히 불안에 떨고 있는 상처받은 어린아이에게 어려서부터 느껴왔던 자기자신에 대한 부정적인 감정과 이미지는 내면 깊은 곳에 박혀 있어 좀처럼 지우기 어렵다.

마치 끈적끈적한 기름때나 단단히 박혀있는 돌덩이처럼 좀처럼 떼어내기 힘든 심리적인 짐과 같다. 이 짐을 다 떠나보내기 위해 먼저 안나 양은 그런 자신의 내면 아이를 대면할 수 있어야 한다.

대면하지 못한다면 안나 양은 여전히 상처받은 내면 아이로 이 세상을 살아가고 있는 것이다. 여전히 엄마(그리고 결국은 다른 모든 사람) 앞에서 항상 부족하고 문제 많은 아이처럼 그렇게 주눅이 들어서 살게 될 것이다. 하지만 그 내면의 아이를 대면하여 볼 수 있다면, 상처 많은 내면 아이와 분리될 수 있고, 그래야만 치유도 가능하다.

이 치유 과정은 전문적인 훈련을 받은 상담자와 함께한다면 매우 효과적일 수 있다. 가장 중요한 것은 안나 양이 스스로를 돌보고 보호하며 사랑할 수 있어야 한다는 것이다.

9.

부모님들 제발 좀 …!

지금까지의 내용으로도 유추해 볼 수 있겠지만, 상담하다 보면 정말 부모로부터 받은 상처나 결핍으로 인한 고통으로 상담실을 찾는 분들이 너무도 많다. 아마도 90퍼센트 정도가 그런 것 같다.

이 세상 부모의 90퍼센트가 자녀를 학대하는 것은 분명 아닐 텐데 어쩌면 상담실을 찾는 분들은 하나같이 부모에게서 이렇게 상처받는 것일까?

불안정 애착을 포함하여 어린 시절 부모의 부적절한 양육, 부모의 부부 갈등이나 폭력 문제, 음주나 도박 문제, 부모의 외도로 인한 문제, 지나치게 완벽주의적이고 엄격한 부모, 모든 것을 다 해 주려는 통제적 부모, 자녀에 대한 편애, 부모의 폭언이나 폭력, 냉담하고 차갑게 자녀를 무시하는 부모, 자녀를 학대하는 부모 등등 너무도 많은 부모 문제가 있다.

내담자들은 본인이 현재 겪고 있는 문제의 원인이 부모라는 것을 알고 찾아오기도 하고, 어떤 경우에는 전혀 생각도 못 하다가 상담받으면서 깨닫고 충격을 받기도 한다.

꼭 부모와 직접적으로 관련된 주제가 아니어도 자신의 부부 갈등, 고부 갈등, 자녀와의 갈등, 인간관계 문제, 폭식이나 자해 등 행동의 문제, 우울증이나 불안 혹은 공황장애 등의 문제가 궁극적으로는 부모와의 관계에서 비롯된 것이 많다. 이쯤 되면 부모의 역할과 책임이 얼마나 큰 것인지 아무리 강조해도 지나치지 않을 것이다.

그런데 대부분의 부모는 이것을 모른다. 그저 자기 나름대로 자녀를 잘 키운다고 최선을 다하고 있을 것이다. 하지만 사소한 말 한마디, 행동 하나, 표정이나 눈빛 하나로도 아이들에게 상처와 결핍을 줄 수 있다는 것을 부모들은 알아야 한다.

부모란 그냥 되는 게 아니다. 낳아 놓는다고 해서 아이들이 알아서 크는 것이 아니다. 심지어는 "하나님이 다 키우셨다"고 말하기도 하지만 이는 매우 무책임한 말이다. 부모는 아이에게 먹을 것과 입을 것을 제공해 주는 것뿐 아니라 정서적인 필요를 충분히 채워 줘야 할 책임이 있다.

그런데 우리는 어떻게 하는 것이 아이들의 정서적인 필요를 채우는 양육인지 잘 모른다. 우리 부모로부터 그런 롤 모델을 얻지 못했고, 언제 제대로 배운 적도 없다. 그러니 그저 우리 부모가 했던 대로 내 자녀를 키우면서 이것이 최선이라 생각한다.

부모가 아이를 키울 때 가장 중요한 것은 친절함과 따뜻함 그리고 안전감이다. 아이들은 부모와 함께 있을 때 이런 친절함과 따뜻함을 충분히 느껴야 한다. 조건부가 아닌 아이 자체만으로 수용하고 존중해 주어야 한다. 그리고 아이가 알 수 있는 방법으로 사랑을 표현해 주어야 한다.

그런데 우리 한국 부모는 아이들을 대할 때 주로 엄격하고 차가운 표정으로 혹은 무표정으로 대한다. '이래라저래라' 지시할 뿐 '이럴래? 저럴래?'라고 묻지 않는다. 그리고 칭찬에는 인색하지만 비난에는 빠르다.

부모는 아이들에게 편안하고 안심할 수 있는 가정을 제공해 주어야 한다. 그러기 위해 가장 중요한 것은 부부 사이가 좋아야 하고 부모가 행복해야 한다. 설령 부부 사이가 좋지 않고 부모가 행복하지 않더라도 아이들은 그것을 몰라야 한다.

그래서 앞에서 말한 대로 부모는 연기라도 해야 한다. 아이들이 보는 앞에서는 부부 사이가 좋은 척, 행복한 척이라도 해야 한다. 아이들 보는 데서 부부 싸움을 한다거나, 우리 가족의 힘든 상황을 아이들에게 털어놓으며 불안과 걱정을 조장해서는 안 된다. 그건 부모가 아이들에게 할 게 아니다.

아이들은 영원히 아이들이다. 나이를 많이 먹어도 자녀들은 자녀일 뿐 절대로 부모의 친구가 될 수 없다. 너도 이제 다 컸으니 우리 가족의 상황을 알아야 한다면서 가족의 힘든 점을 아이들에게 털어놓고 상의하는 것은 바람직하지 않다. 그건 정말 친구들에게나 할 것이지 아이들에게 할 것이 아니다.

아이들은 부모의 보호를 받아야 한다. 적어도 집에서는 안심할 수 있어야 한다. 가정의 짐을 아이들에게까지 지워서는 안 된다. 가정의 짐은 부모의 몫이다. 한국 부모가 배워야 할 것이 정말 너무도 많다.

하나님과 함께하는 상담자들이 지역사회나 교회에서 부모들에게 적절한 양육법에 대해 많이 가르칠 수 있으면 좋겠다. 그런 책이나 방송도 더 많이 나오면 좋겠다. 그래서 우리 부모가 아이들을 정서적으로 잘 양육할 수 있으면 좋겠다. 그러면 상담실을 찾는 내담자들이 상당히 줄어들 것으로 확신한다. 아무도 상담실을 찾지 않는 그때가 오기를 나는 늘 기도한다.

에필로그

에스겔의 환상 속에서 주님은 마른 뼈들에게 명령한다.

> … 너희 마른 뼈들아 … 내가 생기를 너희에게 들어가게 하리니 너희가 살아나리라(겔 37:4-5).

하나님은 이미 죽어서 다 말라비틀어진 뼈들에게 생기를 불어넣으시고 살아나게 하셨다. 우리가 상담실에서 만나는 분들도 처음에는 이렇게 마른 뼈와 같이 느껴진다. 아무 희망도 생기도 없이 의심 섞인 표정으로 힘없이 상담실의 문을 열고 들어온다.

과연 내가 여기서 좋아질 수 있을까?

하지만 주님이 말씀하면 그분들도 다 살아날 것을 믿는다. 주님에게는 에스겔이 그랬던 것처럼 주님의 그 말씀을 대언해 줄 사람이 필요하다. 바로 주님께 헌신한 상담자들이 그 역할을 할 수 있다.

하나님과 함께하는 상담은 주님이 일하는 장면 속으로 상담자와 내담자가 함께 들어가는 것이다. 이것은 신비롭고 가슴 설레는 모험과도 같다. 하지만 이 일은 단지 믿음으로만 할 수 있는 것은 아니다.

상담의 처음부터 끝까지 모든 것을 하나님께 맡기는 믿음도 필요하지만, 상담 이론 공부와 기술의 훈련도 게을리해서는 안 된다. 주님이 쓰시고자 할 때 유용하게 쓰이는 도구가 되기 때문에 갈고 닦으며 준비된 일꾼이어야 한다.

주님이 바라보는 영혼을 주님의 마음으로 함께 바라볼 수 있는 사람, 그의 마음을 만지고 영혼을 살릴 수 있는 사람, 그에게 하나님의 사랑을 경험할 수 있게 해 주는 사람, 주님의 백성을 위로할 수 있는 사람, 이런 사람이 하나님과 함께하는 상담자이다.

나와 당신이 그런 상담자이기를 간절히 기도한다.